CONSIDÉRATIONS

SUR LA

LIBERTÉ DE LA PRESSE,

PUISÉES

DANS LE PLAIDOYER DU CÉLÈBRE JURISCONSUTE
ET DÉPUTÉ DE LA CHAMBRE DES COMMUNES,

M. MACKINTOSH,

DÉFENSEUR DE M. PELTIER, ÉCUYER,

ACCUSÉ DEVANT LA COUR DU BANC DU ROI D'ÊTRE L'AUTEUR
D'UN LIBELLE POLITIQUE

CONTRE

NAPOLÉON BUONAPARTE;

TRADUCTION LIBRE DE L'ANGLAIS,

Accompagnée des pièces de la Procédure, telles qu'une ODE attribuée
au poète *Chénier*, sous le titre du DIX-HUIT BRUMAIRE AN VIII; le
VOEU D'UN PATRIOTE HOLLANDAIS au 14 juillet 1802; et la HARANGUE
DE LÉPIDE AU PEUPLE ROMAIN, parodie attribuée à *Camille-Jordan*.

PAR T. P. BERTIN,

AUTEUR DE L'AMI DES BOURBONS.

~~~~~~~~

PARIS,

J. G. DENTU, IMPRIMEUR-LIBRAIRE,

Rue du Pont de Lodi, n° 3, près le Pont-Neuf.

1814.

AVIS PRÉLIMINAIRE.

L'ouvrage que nous offrons au Public présente des réflexions sur l'importance que les Anglais attachent au maintien de la liberté de la presse dans l'intérêt de leur souverain. Ces réflexions, quoiqu'éparses dans le plaidoyer de Mackintosh (1), n'en traitent pas moins très-disertement une question qui n'a pas encore été abordée dans les ouvrages publiés jusqu'à ce jour, sur la grande discussion qui a occupé la chambre des députés français ; nous voulons parler du LIBELLE POLITIQUE.

La défense de M. Peltier, accusé de ce délit contre Buonaparte, premier Consul, a fourni à M. Mackintosh l'occasion de déployer les plus grands talens oratoires. Nous croyons donc rendre un service essentiel au Public, en transmettant dans notre langue le discours de ce célèbre jurisconsulte. Ce plaidoyer rappelait quelques inculpations que nous avons écartées ; il citait aussi des noms

_____

(1) M. Mackintosh est aujourd'hui député à la chambre des Communes ; c'est lui qui défend avec tant de chaleur les intérêts et les droits de la Norwège.

que nous avons remplacés par des astériques, pour ne pas être soupçonnés de vouloir réveiller des haines et contrarier les maximes proclamées par le Roi ; mais il en est quelques-uns qu'il eût été impossible de taire sans nuire à la clarté d'une des plus belles défenses dont s'honore le barreau anglais, et aux moyens d'une cause qui fera époque dans l'histoire. Elle montre en effet une grande nation aux prises avec un aventurier assis sur le trône de France, et forcée de poursuivre une production qui ne peut aujourd'hui qu'honorer son auteur, puisqu'elle reproche au tyran ses crimes et prédit sa chute.

M. Mackintosh ne pouvait se charger de la cause de son client, sans passer en revue les excès de notre révolution ; nous doutons que la description en ait jamais été faite avec plus d'éloquence et plus d'énergie. Elle répand des fleurs sur la tombe de l'infortuné Louis XVI, ainsi que sur celle de Marie-Antoinette, son auguste épouse, plus malheureuse encore, et paie à la famille des Bourbons un tribut d'éloges dont nous nous applaudissons d'être les interprètes.

CONSIDÉRATIONS

SUR

LA LIBERTÉ DE LA PRESSE.

~~~~~~

Messieurs du juri,

Le temps est venu où je dois vous adresser la parole en faveur de l'infortuné gentil-homme, qui paraît à la barre en qualité d'accusé. Je dois commencer par vous faire observer que, quoique je me connaisse trop bien pour n'attribuer qu'à la bienveillance et à l'honnêteté de mon savant ami, le procureur-général, les louanges (1) qu'il a bien

---

(1) M. le procureur-général, dans son discours, s'était ainsi expliqué sur le compte de M. Mackintosh : « Il

voulu me prodiguer, et qui ne m'appartiennent nullement, j'oserai dire néanmoins
qu'il m'a su apprécier, en supposant que,
dans ces lieux et dans cette circonstance où
j'exerce les fonctions d'un ministre de la justice, d'un ministre inférieur, à la vérité,
mais toujours néanmoins d'un ministre de la
justice, je suis incapable de me prêter aux
passions de mon client, et que je ne veux
faire servir les débats de cette cour à aucun
abus politique. Je respecterai dans ces lieux
tout ce qui est respecté par les loix et le gouvernement de mon pays.

En considérant une question qui intéresse
essentiellement le repos, la sûreté et la liberté du genre humain, il est impossible que
je ne me sente pas vivement et profondément ému; mais je ferai un effort sur moi

---

« n'est personne au monde qui sente plus fortement,
« qui soit plus disposé que moi à reconnaître les talens
« très-distingués de mon savant ami, chargé de la dé-
« fense de cette cause ; aucun homme n'est plus prêt à
« rendre justice aux abondantes ressources de son es-
« prit, à ses connaissances excessivement étendues, à
« son imagination brillante, à la finesse de son juge-
« ment, à son goût extrêmement cultivé. »

pour réprimer mes émotions, quelque pénible que puisse être cet effort. Lorsque je ne pourrai m'expliquer sans courir le risque de manquer à la prudence ou à la sincérité, je ferai en sorte de me contenir et de garder le silence.

Je sens, Messieurs, jusqu'à quel point j'ai besoin de votre indulgence ; la cause que je vais défendre est entourée de sujets de discussion très-propres à allumer la haine ; mais ce n'est pas moi qui les cherche : la cause et les sujets qui en sont inséparables, sont amenés ici par l'accusateur public.

Je les trouve ici, et il est de mon devoir de m'en occuper avec toute l'attention qu'exigent de moi les intérêts de M. Pelletier. La confiance qu'il a mise en moi, en me choisissant pour son défenseur, m'a donné à remplir un devoir pénible auquel je ne pouvais pas me refuser, et que je pouvais encore moins trahir. Il a droit d'attendre de moi une défense zélée, fidèle et sans crainte ; sa juste attente sera remplie autant que la mesure de ma faible capacité pourra le permettre.

J'ai dit une défense *sans crainte ;* cette expression était peut-être inutile dans le lieu où je me trouve. L'intrépidité dans l'acquit des devoirs de sa profession, est une qualité si commune au barreau de la Grande-Bretagne, que, grâce à l'Être-Suprême, elle a cessé depuis long-temps d'être un sujet d'orgueil et de louange. S'il en eut été autrement, Messieurs; si le barreau avait pu être condamné au silence ou intimidé par l'autorité, j'ose assurer qu'un juri anglais ne s'assemblerait pas aujourd'hui pour administrer la justice. Je n'ai peut-être pas besoin non plus de dire que ma défense sera sans crainte, dans des lieux où la crainte n'est jamais entrée que dans le cœur des criminels ; mais vous me pardonnerez de m'être étendu sur cet objet, lorsque vous considérerez quelles sont les parties qui se trouvent devant vous.

Messieurs, le véritable accusateur public est ici le souverain du plus grand empire que le monde civilisé ait jamais vu ; l'accusé, un exilé proscrit et sans défense. C'est un royaliste français qui a quitté sa patrie en 1792, à l'époque de cette mémorable et cruelle émigration, où tous les propriétaires du plus grand pays civilisé de l'Europe furent chassés de leurs paisibles demeures par le poignard des assassins ; où nos côtes furent couvertes,

comme après le naufrage causé par une grande
tempête, de vieillards., de femmes, d'enfans
et de ministres de la religion qui fuyaient devant la férocité de leurs compatriotes, comme
devant une armée de barbares.

La plus grande partie de ces malheureux
exilés, de ceux au moins que le glaive avait
épargnés, qui avaient survécu à l'effet dé-
létère de climats pestilentiels, ou de cha-
grins cuisans, ont depuis obtenu la permis-
sion de revoir leur pays. Quoique dépouillés
de tous leurs biens, ils ont regardé comme
un bonheur inappréciable le triste privilége
de mourir dans leur patrie.

Cette misérable faveur devait être achetée
par des complaisances, par des déclarations
de foi et hommage au nouveau gouvernement ; déclarations que quelques-uns de ces
infortunés royalistes trouvaient incompati-
bles avec leur conscience, leurs plus chères
affections et leurs devoirs les plus sacrés.
Parmi ces derniers était M. Pelletier. Je ne
me permets pas de blâmer ceux qui se sont
soumis à ces déclarations, et j'espère que
vous ne jugerez pas sévèrement ceux qui s'y
sont refusés. Vous n'aurez pas une opinion
défavorable d'un homme dans lequel vous

voyez une victime volontaire de sa loyauté
et de son honneur. Si une révolution, que
Dieu détourne à jamais de ce pays, nous envoyait en exil et nous jetait sur une terre
étrangère, nous nous attendrions au moins
à ce que des hommes d'un caractère généreux nous pardonnassent une loyauté opi-
niâtre et une fidélité intempestive aux lois
et au gouvernement de nos pères.

Cet infortuné gentilhomme a consacré une
grande partie de sa vie à la littérature ; elle
a fait l'amusement et l'ornement de sa jeu-
nesse. Depuis sa ruine et la désolation de son
pays, il a été obligé de s'en servir comme
d'un moyen d'existence. Dans le cours de ces
dix dernières années, il a publié différens
écrits d'une importance majeure ; mais depuis
la paix, il s'est abstenu de toute discussion
politique sérieuse, et s'est borné à l'obscur
journal qui est sous vos yeux, c'est-à-dire au
journal le moins propre à causer des alarmes
au plus ombrageux des gouvernemens, à un
journal qui ne sera pas lu en Angleterre,
parce qu'il n'est pas écrit dans notre langue ;
qui ne peut pas être lu en France, attendu
que son entrée dans ce pays est prohibée
par une puissance dont les ordres ne sont

pas mollement exécutés, ni souvent éludés avec impunité ; qui ne peut avoir d'autre objet que celui d'amuser les compagnons d'infortune de l'auteur, et ceux qui partagent ses principes, par des plaisanteries et des sarcasmes contre leurs victorieux ennemis.

Il est, Messieurs, une circonstance remarquable dans cette malheureuse production ; c'est le seul, ou presque le seul écrit périodique qui ose encore épouser la cause de cette royale et illustre famille qui, il y a à peine quatorze ans, était flattée par toutes les presses et défendue par tous les tribunaux de l'Europe. La cour même devant laquelle nous paraissons, offre un exemple des vicissitudes de la fortune des Bourbons. Mon savant ami vous a rappelé que les dernières poursuites faites dans ces lieux, à la requête du gouvernement français, le furent à l'occasion d'un libelle (1) contre cette princesse magnanime, qui depuis a été immolée en vue de son propre palais.

_____

(1) Ce libelle, publié par le lord Gordon, fit condamner son auteur à neuf ans de prison.

(Note du Traducteur.)

Je ne fais pas ici ces observations dans le dessein d'élever des doutes sur les principes généraux qui ont été exposés par mon savant ami. Je dois admettre le droit qu'il a de traduire devant vous ceux qui insultent par leurs écrits les gouvernemens reconnus par S. M., et en paix avec l'empire britannique. J'admets que, soit que ce gouvernement date d'hier ou de mille ans, soit que ce soit une usurpation féroce et sanguinaire de l'autorité la plus ancienne, la plus juste et la plus paternelle du globe, nous sommes obligés, par la reconnaissance qu'en a faite S. M., de la protéger contre les attaques des libelles. J'admets que, si pendant notre usurpation, le lord *Clarendon* eût publié à Paris son histoire; ou le marquis de *Montrose*, son poëme sur le meurtre de son souverain; ou M. *Cawley*, son discours sur le gouvernement de *Cromwell*, et que l'ambassadeur anglais s'en fût plaint, le président *Molé*, ou tout autre des grands magistrats qui distinguaient le parlement de Paris, eût été forcé de condamner, quoique avec une répugnance, une douleur et une indignation extrêmes, ces hommes illustres à la punition des libellistes. Je ne m'exprime ainsi qu'à l'effet de solliciter de votre

compassion et de votre générosité une attention favorable à ce qui va être faiblement al-
légué dans l'intérêt de mon infortuné client,
qui a sacrifié sa fortune, ses espérances, ses
liaisons et son pays à sa conscience, et dont
la perte semble jurée dans celui-ci, qui est
son dernier asile. C'est peut-être à la fermeté
de notre gouvernement qu'il est redevable
de la sécurité dont il jouit, et du bonheur de
n'avoir pas été sacrifié au ressentiment de ses
puissans ennemis. Dans le cas où il serait
prouvé, Messieurs, que les ministres de
S. M. Georges III auraient résisté aux invita-
tions d'expulser de l'Angleterre ce malheureux gentilhomme, je les remercierais publi-
quement de leur courage et de leur loyauté,
s'il n'était pas inconvenant de supposer qu'ils
auraient pu en agir autrement ; s'il n'était pas
inconvenant de remercier le gouvernement
anglais de n'avoir pas violé les droits les plus
sacrés de l'hospitalité ; de n'avoir pas imprimé à son pays une tache indélébile.

Quoiqu'il en soit, Messieurs, il vient devant vous pleinement satisfait de ce qu'un
jury anglais est le spectacle le plus consolant
que l'œil de l'innocence accusée ait jamais
considéré dans un tribunal humain, et il

éprouve la plus vive reconnaissance envers le protecteur des empires, de ce qu'environné, comme nous le sommes, de la ruine de puissance et de souverraintés, nous continuons toujours de nous réunir, d'après la manière de nos ancêtres, pour administrer la justice dans son ancien sanctuaire.

Il est un autre point de vue sous lequel cette cause semble mériter votre plus sérieuse attention. *Je l'envisage comme le premier, comme le plus important d'une longue suite de conflits entre la plus grande puissance du Monde et la seule presse libre qui existe maintenant en Europe.* Aucun homme sur la terre n'est plus puissamment convaincu que je le suis, que mon savant ami, M. le procureur-général, ne dégradera jamais son illustre caractère, qu'il ne dégradera jamais sa haute magistrature par de basses complaisances, par un exercice immodéré de son pouvoir; mais je suis convaincu en même temps, d'après des circonstances que je m'abstiendrai de discuter ici, que je dois *considérer cette cause comme le premier, comme le plus important d'une longue suite de conflits entre la plus grande puissance du Monde et la seule presse libre qui existe maintenant en Eu-*

rope. Messieurs, cette distinction de la presse anglaise est nouvelle... C'est à-la-fois une noble et pénible distinction. Avant que ce grand cratère de la révolution française n'eût englouti tous les asiles d'une discussion libre sur le continent, nous jouissions de ce privilége plus pleinement à la vérité que d'autres, mais nous n'en jouissions pas exclusivement. Dans les grandes monarchies la presse a toujours été considérée comme un instrument trop formidable pour qu'on puisse la confier à des individus non censurés; mais dans les autres souverainetés continentales moins étendues, une liberté d'opinion, suffisante peut-être pour des vues utiles, a été permise par les lois de l'Etat, ou elle a eu lieu en vertu de longues habitudes de libéralité et de tolérance dans les magistrats. Elle exista *de fait* dans les pays où elle n'était pas protégée par la loi, et la sage et généreuse connivence des gouvernemens se trouvait journellement de plus en plus garantie par la civilisation croissante de leurs sujets. En Hollande, en Suisse, dans les villes impériales de l'Allemagne, la presse était légalement ou habituellement libre; mais depuis le commencement de la persécution fran-

çaise, cinquante villes impériales ont été
effacées de la liste des états indépendans par
un seul trait de plume; trois ou quatre con-
servent encore une existence précaire et
tremblante. Je ne dirai pas par quelles complaisances elles ont acheté la continuation de
cette existence politique ; ce serait insulter
à la faiblesse des puissances, dont je déplore
amèrement la chûte non méritée : ces gouvernemens étaient à plusieurs égards l'une
des parties les plus intéressantes de l'ancien
système du Monde. Malheureusement pour
le repos de l'Univers, les grands Etats sont
forcés, par égard pour leur propre sûreté,
de considérer l'esprit militaire et les habitudes martiales de leurs sujets comme un
des principaux objets de leur politique. De
fréquentes hostilités semblent être la condition presque nécessaire de leur étendue,
et s'ils ne sont pas grands, ils ne peuvent pas
être long-temps en sûreté. De plus petits
Etats, exempts de cette cruelle nécessité,
condition pénible de la grandeur, se sont
consacrés aux arts, à la culture des lettres,
et au perfectionnement de la raison. Ils sont
devenus des lieux de réfuge pour les discussions libres et sans crainte; ils ont été les

spectateurs impartiaux des différentes querelles de l'ambition, qui, de temps à autre, ont troublé la tranquillité de l'Univers ; ils ont été de cette manière particulièrement propres à être les organes de l'opinion qui a converti l'Europe en une grande république. Cette même opinion lui a donné des lois qui ont modéré l'ambition, quoiqu'elles n'aient pas pu l'éteindre, et des cours de justice morale devant lesquelles les souverains les plus despotes étaient obligés de comparaître. Si des guerres d'agrandissement étaient entreprises, leurs auteurs étaient cités au tribunal de l'Europe ; si des actes de tyrannie intérieure se commettaient, elles retentissaient d'une multitude de presses dans tous les pays civilisés. Les princes, dont la volonté n'avait pas de bornes légales, trouvaient ainsi des limites à leur autorité arbitraire, que les plus puissans d'entr'eux ne pouvaient franchir avec une impunité absolue ; ils agissaient devant un auditoire à l'applaudissement ou à l'improbation duquel ils ne pouvaient pas être entièrement indifférens. La constitution même de l'humaine nature, les lois inaltérables du cœur humain, contre lesquelles toute révolte est inutile,

soumettaient les tyrans les plus orgueilleux
à leur contrôle. Aucune élévation de pouvoir, aucune dépravation, quelque consom-
mée qu'elle soit, aucun état d'innocence,
quelque pure qu'elle puisse être, ne peut
rendre l'homme indépendant de la louange
ou de la critique de ses semblables.

Ces gouvernemens étaient, sous d'autres
rapports, l'une des plus belles et des plus
intéressantes parties de notre ancien système.
La parfaite sécurité de ces états faibles, et
presque sans importance, leur tranquillité,
qui n'était jamais troublée au milieu des
guerres et des conquêtes qui les entouraient,
attestèrent plus que toute autre partie du
système européen, la modération, la justice
et la civilisation, auxquelles l'Europe chré-
tienne était parvenue dans les temps mo-
dernes. Leur faiblesse n'était protégée que
par un respect habituel pour la justice, qui
n'avait fait que croître pendant une longue
suite d'années. C'était le seul rempart qui les
défendait contre l'invasion de ces puissans
monarques, auxquels ils offraient une conquête si facile, et cette barrière fut suffisante jusqu'à l'époque de la révolution française. Considérez, par exemple, la situation

de la république de Genève ; songez à sa po-
sition délicate sous la serre même de la
France ; mais songez aussi à sa sécurité non
troublée, à son repos profond, aux brillans
succès avec lesquels elle s'est appliquée à
l'industrie et à la littérature, tandis que
Louis XIV envoyait en Italie des troupes
nombreuses qui passaient devant ses portes.
Rappelez-vous, si des siècles ne l'ont pas
effacé de votre mémoire, cette heureuse
époque où nous ne pensions pas plus à sub-
juguer la plus faible partie de l'Europe, qu'à
faire la conquête du plus puissant empire ;
et dites-moi si vous pouvez vous figurer un
spectacle plus beau pour la contemplation
morale, ou une preuve plus frappante des
progrès des peuples dans les plus .nobles
principes de la civilisation. Ces faibles Etats,
ces monumens de la justice de l'Europe,
l'asile de la paix, de l'industrie et de la littérature, les organes de la raison publique, le
réfuge de l'innocence opprimée, ont péri
avec ces anciens principes, qui étaient leurs
seuls gardiens et leurs seuls protecteurs. Ils
ont été engloutis par cette effroyable con-
vulsion qui a ébranlé les derniers coins de la
terre ; ils sont détruits et perdus pour jamais.

Un asile de la liberté, dans la discussion, n'a pas encore été violé ; il est un coin de terre en Europe où l'homme peut exercer librement sa raison sur les intérêts les plus importans de la société ; où il peut hardiment publier son opinion sur les actes des tyrans les plus orgueilleux et les plus redoutables. La presse de l'Angleterre est encore libre ; elle est défendue par la libre constitution de nos aïeux ; elle trouve sa sauve-garde dans les cœurs et dans les bras des Anglais, et je crois pouvoir hasarder ici de déclarer qu'elle ne s'écroulera que sous les ruines de l'empire britannique. Il y a dans cette considération, Messieurs, quelque chose d'imposant ! Tout autre monument de la liberté européenne a péri ; et cet ancien édifice qui a été élevé par la sagesse et la vertu de nos pères, existe encore. Il existe, grace à l'Être-Suprême, solide et entier ; mais il existe seul au milieu des ruines.

Dans ces circonstances extraordinaires, je suis tenu de répéter que *je dois considérer cette discussion comme le premier et le plus important d'une longue suite de conflits entre la plus grande puissance du monde et la seule presse libre qui existe en Europe ;* et je me flatte que vous

vous regarderez vous-mêmes comme le plus
ferme appui de cette liberté ; comme ayant
aujourd'hui à livrer le premier combat d'une
libre discussion au plus formidable ennemi
contre lequel elle se soit jamais mesurée,
Vous voudrez donc bien m'excuser si, dans
une occasion aussi importante, je vous rappelle, avec plus d'étendue que de coutume,
ces principes généraux de législation et de politique qui nous ont été transmis par nos
ancêtres.

Ceux qui ont élevé avec lenteur l'édifice
de nos lois, n'ont jamais tenté une chose aussi
absurde que celle de définir, par une règle
précise, les limites obscures et changeantes
qui séparent le libèle de l'histoire ou de la
discussion politique ; c'est un sujet qui, par
sa nature, n'admet ni règles ni définitions.
Les mêmes mots, les mêmes termes peuvent
être parfaitement innocens dans un cas, et
très-criminels dans un autre. Un changement
de circonstances, souvent très-léger en apparence, suffit pour constituer cette diffé-
rence entière : ces changemens, qui peuvent
être aussi nombreux que la variété des intentions et des conditions humaines, ne peuvent
jamais être jamais prévus ni compris sous

2

aucunes définitions légales, et nos législateurs n'ont jamais songé à les assujétir à de pareilles définitions ; ils laissent ces ridicules tentatives à ceux qui se qualifient de philosophes, mais qui ont prouvé par leurs actions qu'ils étaient grossièrement et stupidement étrangers à cette philosophie, qui s'occupe consciencieusement des affaires humaines.

Les principes et les lois d'Angleterre, relativement au libelle politique, sont simples et en petit nombre; ils ont tant de latitude que, sans une administration de la justice habituellement douce, ils pourraient empiéter matériellement sur la liberté des discussions politiques. Tout écrit imprimé qui a pour but d'avilir notre gouvernement ou le gouvernement d'un état étranger en bonne intelligence avec ce royaume, est, d'après les lois de l'Angleterre, un libelle. Pour protéger les discussions politiques contre le danger auquel l'exposerait la latitude de ces principes, s'ils étaient sévèrement et littéralement suivis, nos ancêtres ont eu recours à différentes garanties, dont les unes découlent des lois et de la constitution, et les autres du caractère de ces officiers judiciaires publics que la constitution a formés, et auxquels son

administration est confiée. Ils se sont en premier lieu reposés sur la modération des officiers judiciaires de la couronne, élevés dans
les maximes et imbus de l'esprit d'un gouvernement libre, soumis à l'inspection surveil-
lante du parlement, et particulièrement ob-
servés dans toutes les poursuites politiques
par la jalousie raisonnable et salutaire de
leurs concitoyens. Je dois convenir ici que
depuis la glorieuse ère de la révolution anglaise, déduction faite de ce que l'on doit rai-
sonnablement passer aux faiblesses, aux défauts et aux vices accidentels des hommes,
ils n'ont pas, à le bien prendre, été trompés
dans leur attente. Je sais que dans les mains
de mon savant ami, ce dépôt ne sera jamais
violé. Mais ils se sont reposés sur-tout sur la
modération et le bon sens de jurés populaires dans leur origine, populaires dans leurs
sentimens, populaires dans leurs préjugés,
qui sont pris dans la masse du peuple, et qui
doivent immédiatement y rentrer. Par ces
barrières et ces tempéramens, ils ont espéré
qu'ils réprimeraient suffisamment les libelles
dangereux sans compromettre cette liberté
d'opinion qui est la première sûreté d'un état
libre. Ils savaient que l'offense d'un libelle

politique est d'une nature particulière, et qu'elle diffère, à beaucoup d'égards, de tous les autres crimes. Dans tous les autres cas, l'exécution la plus sévère des lois ne peut répandre la terreur que parmi les coupables ; mais dans les libelles politiques, elle inspire la crainte même aux innocens. Cette singularité frappante procède des mêmes circonstances qui empêchent qu'on puisse définir les limites d'un libelle et d'une discussion innocente, qui met l'homme du caractère le plus honnête et le plus respectable dans l'impossibilité d'être parfaitement certain s'il est dans les limites d'un sage raisonnement ou d'une honnête narration, ou s'il n'a pas dépassé sans le vouloir la ligne imperceptible et changeante qui les sépare.... Mais, Messieurs, j'irai plus loin, c'est la seule offense dont les punitions sévères et fréquentes, non-seulement intimident l'innocent, mais détournent les hommes des actes les plus méritoires, et les empêchent de rendre les plus importans services à leur pays.... Elles éloignent les hommes de s'acquitter des devoirs les plus sacrés envers leurs semblables. Il faut du courage et le sentiment de sa propre sécurité pour informer le peuple de la con-

duite de ceux qui gèrent les affaires publiques'
C'est une fonction toujours dangereuse, mais
c'est souvent le plus essentiel de tous les
devoirs. Si cette information n'est pas faite
hardiment, elle cesse d'être efficace, et ce
n'est pas d'écrivains qui tremblent sous la
verge ministérielle que nous devons l'es-
pérer.

Il est d'autres objets, Messieurs, sur lesquels je suis jaloux d'appeler votre attention.
Ce sont les circonstances relatives à la condition de ce pays, qui ont porté nos ancêtres,
dans tous les temps, à toucher avec un mé-
nagement extraordinaire à cette branche de
la liberté des discussions qui s'applique à la
conduite des états étrangers. Les rapports
de ce royaume avec la république de l'Europe
sont si directs, qu'aucune histoire n'en four-
nit de pareils. Depuis le moment où nous
avons renoncé à tout projet d'agrandissement
continental, nous ne pouvons avoir d'autre
intérêt à l'état du continent, que celui de la
sécurité nationale et de la prospérité de notre
commerce. Le premier intérêt de tous les
peuples, celui qui comprend tous les autres,
est la *sécurité;* et la sécurité de la Grande-
Bretagne n'a besoin sur le continent que de

l'observance uniforme de la justice; elle n'a
besoin que de l'inviolabilité des anciennes
limites ; tout ce qu'elle a à désirer, c'est que
les anciennes positions continentales soient
sacrées, ce qui, par rapport au sujet dont il
est question, n'est qu'une autre manière de
parler pour exprimer la justice politique. Une
nation qui s'est interdit toute possibilité d'a-
grandissement continental, ne peut avoir
d'autre intérêt que celui de s'opposer à cet
agrandissement dans les autres. Notre propre
sûreté ne peut être intéressée qu'à empêcher
ces envahissemens qui par leurs effets immédiats ou par leur exemple, peuvent être dangereux pour nous-mêmes. Nous ne pouvons
avoir aucun intérêt d'ambition relatif au continent, de sorte que nos intérêts réels, ni
même nos intérêts apparens, ne peuvent
jamais être en contradiction avec la justice.

Quant à notre prospérité commerciale,
elle est à la vérité une branche secondaire de
notre intérêt national ; mais elle est encore
très-importante, et elle n'exige rien sur le
continent, si ce n'est le maintien de la paix,
autant que l'intérêt par excellence, de notre
sécurité, le permet.

Quelque discours que puissent tenir les

gens sans instruction, ou prévenus, aucune
guerre n'a été profitable à une nation commerciale. Il peut en résulter des pertes peu
considérables pour les uns et des profits
accidentels pour les autres ; mais de pareils
bénéfices n'ont jamais fait une compensation
proportionnée à la perte du capital que toutes
les guerres doivent causer, sans compter le
tort qu'elles font à l'industrie. Notre grandeur commerciale dépend ensuite de la richesse et de la prospérité de nos voisins.
Une nation commerciale a le même intérêt à
ce que ses voisins soient riches, qu'un négo-
ciant à ce que ses pratiques soient dans l'o-
pulence. Aucun acre de terre n'a été défriché
dans les déserts de la Sibérie ou sur les côtes
du Mississipi, sans avoir agrandi les moyens
de faire prospérer l'industrie anglaise : elle
s'alimente de la prospérité du monde, et paie
amplement tout ce qu'elle en reçoit ; elle ne
peut être employée qu'à répandre la civilisation et les jouissances sur toute la terre ; et
par les lois invariables de la nature, elle sert
en partie à faire revivre l'industrie de ces
mêmes nations qui élèvent le plus haut leurs
clameurs insensées contre sa prétendue mal-
faisance. Si l'aveugle et barbare projet de

détruire la prospérité anglaise pouvait s'accomplir, il ne produirait d'autre effet que de réduire à la mendicité les mêmes pays qui attribuent stupidement leur pauvreté à notre richesse.

C'est dans cette situation des choses, Messieurs, qu'il est évidemment entré dans la politique de cet empire, politique en unisson avec les maximes d'un gouvernement libre, de traiter avec beaucoup d'indulgence les déclamations les plus hardies contre les projets ambitieux des états étrangers. Quelques audacieuses et quelqu'indiscrettes même qu'aient été quelquefois ces déclamations, elles ont eu au moins l'effet d'avertir le peuple de son danger, et d'exciter l'indignation nationale contre ces empiétemens auxquels l'Angleterre a toujours fini par être obligée de s'opposer. On l'a, certes, rarement laissé attendre qu'un regard prévoyant sur sa propre sécurité la forçât de prendre les armes pour défendre les autres Etats. De même qu'il a été dit d'un grand orateur de l'antiquité, qu'aucun homme ne s'était montré l'ennemi de la république sans avoir auparavant déclaré la guerre à sa personne; je puis dire avec vérité qu'aucun homme n'a jamais mé-

dité la conquête de l'Europe sans avoir regardé la destruction ou la corruption de
l'Angleterre comme la première condition de
ses succès. Si vous lisez l'histoire, vous
trouverez qu'aucun projet de cette nature n'a
été formé sans qu'il n'y soit entré, comme
préliminaire indispensable, soit de détacher
l'Angleterre de la cause commune, soit de la
détruire. Il semblerait que tous ceux qui ont
conçu de pareils desseins contre l'indépendance des nations, auraient pensé que l'Angleterre est la gardienne ou la protectrice naturelle des autres Etats; qu'elle seule n'a
d'intérêts que leur conservation; que sa sûreté est inséparable de la leur. Lorsque des
projets d'agrandissemens se manifestent,
lorsque des vues d'ambition criminelle s'exécutent, l'heure du combat sonne pour l'Angleterre. Son gouvernement libre ne peut
s'engager dans des guerres dangereuses sans
le soutien sincère et affectionné de son peuple. Un état, dans une pareille situation, ne
peut donc, sans le plus grand danger, faire
taire ces discussions publiques, qui sont
faites pour exciter l'indignation du peuple
contre ceux qui doivent bientôt être ses ennemis. Dans les dissentions domestiques, l'in-

térêt supposé du gouvernement peut être quelquefois d'intimider la presse ; mais ce ne peut jamais être son intérêt réel lorsque le danger est purement étranger. Un roi d'Angleterre qui, dans une pareille situation, conspirerait contre la liberté de la presse de son pays, minerait les fondemens de son propre trône; il ferait taire la trompette qui a pour but de ranger tout son peuple sous ses étendards.

Nos ancêtres n'ont jamais pensé qu'il fût de leur politique de se soustraire au ressentiment et à la haine des tyrans étrangers, en ordonnant à des écrivains anglais de contenir et de réprimer leur juste animadversion contre les criminelles entreprises de l'ambition. Cette grande et valeureuse nation, qui s'est montrée de front dans toutes les batailles contre les oppresseurs de l'Europe, a quelquefois inspiré de la crainte ; mais, Dieu soit loué, elle ne l'a jamais éprouvée. Nous savons qu'ils sont nos ennemis réels, et qu'ils doivent bientôt devenir nos ennemis déclarés. Nous savons qu'il ne peut régner aucune amitié franche entre nous et ces ennemis naturels de l'indépendance des nations, et nous n'avons jamais adopté la politique étroite et pusilla-

nime d'imposer silence à notre presse, d'é-
nerver le courage, et de paralyser les cœurs
de notre peuple, pour obtenir une paix
chancelante et précaire; nous n'avons jamais
été assez vils pour acheter un court répit à
des hostilités, én sacrifiant notre premier
moyen de défense, le moyen de réveiller le
courage du peuple, et de le diriger contre les
ennemis de notre pays et de l'Europe.

Messieurs, l'esprit public d'un peuple,
c'est-à-dire la masse générale des affections
qui unissent les cœurs et les ames à la patrie,
se compose de différens élémens, et dépend
d'une grande variété de causes. Dans ce pays,
je puis prendre sur moi de dire qu'il dépend
de la vigueur des parties et des principes
populaires de notre gouvernement, et que
l'esprit de liberté est un de ses principaux
élémens : il dépend peut-être moins de ces
avantages d'un gouvernement libre, qui sont
le plus hautement cités par la raison dans son
plus grand calme, que de ceux qui plaisent à
l'imagination et flattent l'orgueil juste et naturel de l'homme. Parmi ces derniers, nous
ne devons pas certainement oublier les droits
politiques qui ne sont pas uniformément en-
levés aux classes inférieures de la société, et

l'appel qui se fait continuellement à elles
dans les discussions publiques des grands
intérêts de l'état. Ces circonstances sont certainement celles qui attachent les Anglais à
leur gouvernement et à leur pays ; elles ani-
ment leur zèle pour le maintien de cette glorieuse institution qui confère à la classe la
plus vile du peuple une sorte de distinction
et de noblesse inconnue aux plus illustres esclaves, qui frissonnent de tous leurs membres
lorsqu'un tyran fronce le sourcil. Quiconque
viendrait imprudemment et témérairement
anéantir ou restreindre ces priviléges, qui,
il faut l'avouer, sont sujets à de grands abus
et à de très-sérieuses objections, pourrait
peut-être s'apercevoir, mais trop tard, qu'il
aurait opéré la subversion de son pays. De
quelques élémens que l'esprit public se compose, il est toujours et par-tout la principale
défense d'un état ; il est entièrement distinct
et différent du courage. Aucune nation peut-
être, et certainement aucune nation européenne, n'a péri par une infériorité de valeur ; aucune nation, dont les affections publiques ont été saines et vigoureuses, n'a jamais été soumise. C'est l'esprit public qui
réunit le courage épars des individus, et qui

l'attache à la patrie. C'est donc, comme je l'ai déjà dit, la principale défense de chaque pays. De tous les stimulans qui excitent l'activité, le plus puissant parmi nous est certainement la presse ; et elle ne peut pas être restreinte ou affaiblie sans le péril imminent que l'esprit national ne languisse, et que le peuple n'agisse avec moins de zèle et d'attachement pour son pays à l'heure du danger.

Ces principes, Messieurs, ne sont pas nouveaux; ce sont les anciens principes, les principes naturels de l'Angleterre; et, quoique de nos jours ils aient été méconnus et déshonorés par des scélérats et des fanatiques, ils sont aussi justes, aussi sains qu'ils sont libéraux ; ce sont les seuls principes d'après lesquels un état libre puisse être sûrement gouverné. Je les ai adoptés depuis le moment où j'ai appris à faire usage de ma raison, et je ne les abandonnerai, j'espère, qu'avec la vie. C'est d'après ces principes, que je viens solliciter votre attention sur le libelle que ce malheureux gentilhomme est accusé d'avoir rendu public. Je me réjouis sincèrement de me trouver d'accord avec une grande partie de ce qui a été dit par mon savant ami, M. le procureur-général, qui a fait hon-

neur même à son caractère, par les sentimens généreux et libéraux qu'il a manifestés.
Il vous a dit que son projet n'était pas d'attaquer une *narration historique;* il vous a dit
qu'il n'avait aucunement le dessein d'attaquer
une *discussion politique....* Il a dit aussi qu'il
ne considérerait pas une expression incon-
venante échappée à un écrivain dans une
discussion ou un raisonnement, comme un
sujet de poursuites judiciaires. L'offense du
libelle consiste dans l'esprit de malignité que
décèle sa publication et dont elle découle. Un
juri doit, avant de trouver un homme coupable d'avoir publié un libelle, être convaincu
que son intention était de faire un libelle, et
non pas de produire des faits qu'il croyait véritables, ni des raisonnemens qu'il croyait
justes. Mon savant ami vous a fait apercevoir
que la liberté de l'histoire renfermait le droit
de publier ces observations qui se présentent à l'esprit des personnes éclairées,
lorsqu'elles considèrent ce qui se passe dans
ce monde. J'espère qu'il ne niera pas qu'elle
renferme aussi le droit d'exprimer les sentimens que tous les honnêtes gens éprouvent
en contemplant des exemples extraordinaires
de dépravation ou de bonté. Il est un autre

privilége de l'historien, dont M. ɪe procureur-général n'a pas parlé, mais que ses principes reconnaissent, et qu'il est de mon devoir de réclamer en faveur de mon client, je
veux parler du droit de publier historiquement de nouveau ces documens, quelque
soit la malignité originelle qu'ils renferment,
ces documens, dis-je, qui déploient le caractère et développent les intentions des gouvernemens, des factions ou des individus.
Je pense que mon savant ami ne niera pas
qu'un compilateur historique a le droit de
réimprimer historiquement la déclaration de
guerre la plus insultante et la plus outra-
geante qui ait jamais été publiée contre S. M.
par un gouvernement étranger. L'intention
de l'auteur primitif était d'avilir et de degra-
der le gouvernement de S. M. ; mais l'intention du compilateur n'est que de satisfaire la
curiosité, ou peut-être d'exciter une juste
indignation contre le calomniateur dont il
réimprime la production ; son intention n'est
pas de faire un libelle..... Cette réimpression
n'est donc pas un libelle ? Supposons que ce
soit le cas où se trouve M. Pelletier ; supposons qu'il ait réimprimé des libelles dans une
intention purement historique. Dans ce cas,

on ne peut pas prétendre qu'il soit plus un libelliste que mon savant ami M. Abbot, qui vous a lu ces libelles supposés au commencement des débats. M. Abbot vous les a lus, c'est-à-dire publiés de nouveau, pour que vous puissiez les connaître et les juger...... M. Abbot, d'après la supposition que je viens de faire, les a fait réimprimer pour que le public pût les connaître et les juger.

Vous savez déjà que le plan général de l'écrit publié par M. Pelletier, était de présenter le tableau des cabales et des intrigues, des espérances et des projets des factions françaises. C'était indubitablement une partie naturelle et nécessaire de ce plan, de réimprimer toutes les pièces sérieuses et badines que ces factions avaient fait circuler les unes contre les autres. Je crois réellement que l'ode dont il vous a été fait lecture, a été composée à Paris, qu'elle y a circulé, qu'elle a été envoyée en Angleterre, et que M. Pelletier l'y a fait imprimer ; mais je ne suis pas sûr d'avoir assez de preuves pour vous convaincre de la vérité de cette assertion... Supposons que je n'en aye pas ; mon savant ami me dira-t-il que mon client doit nécessairement être convaincu ? Je soutiens, au con-

traire, que c'est à mon savant ami à prouver
que ce n'est pas une réimpression historique.
Le client soutient que c'en est une ; c'est à
M. le procureur général à prouver le contraire.... L'assertion peut être un masque,
mais c'est à mon ami à arracher ce masque
et à montrer le libelliste avant de vous demander un *verdict* ou déclaration de culpabilité.

Si M. le procureur-général déclare que ces
réimpressions sont défendues, je le prierai
alors de vouloir bien m'expliquer la longue
impunité dont les papiers anglais ont joui ; je
lui demanderai pourquoi il leur a été permis
de réimprimer tous ces libelles atroces, officiels et non officiels, qui ont été dirigés contre
S. M., depuis dix ans, par les *Brissot*, les
Marat, les *Danton*, les *B*****, les *T*****,
les *Rewbel*, les *M*****, les *B*****, et cette
longue file de tyrans sanguinaires qui ont opprimé leur propre pays, et insulté tous les
autres qu'ils n'ont pas pu avilir. Quelle sera
sa réponse ? que les éditeurs anglais étaient
innocens, si leur motif était de satisfaire la
curiosité, ou dignes de louange, si leur dessein était d'exciter l'indignation contre les ca-
lomniateurs de leur pays. Si toute autre réponse m'est faite, je rappellerai à mon ami

une des parties les plus sacrées de son devoir, celle de protéger la réputation honnête
de ceux qui sont absens pour le service de
leur pays. Nous avons vu, il y a quelques
jours, dans tous les papiers anglais, un écrit
appelé : *Rapport du colonel S****, dans lequel un brave officier anglais (le général
Stwart) a été accusé d'avoir écrit des lettres
pour provoquer à l'assassinat. Les éditeurs
de cet infâme rapport ne sont et ne seront
pas poursuivis, parce que leur intention
n'est pas de diffamer la réputation du général
Stwart. D'après quel autre principe nos papiers anglais auraient-ils aussi eu la liberté
de répandre le plus atroce des libelles contre
le roi et le peuple d'Angleterre, un libelle
que l'on peut traduire du *Moniteur* du 9
août 1802 ; un libelle contre un prince qui a
traversé un règne orageux de quarante-trois
ans sans la moindre imputation faite à son
caractère personnel...; contre un peuple qui
a passé par les plus dures épreuves de la
vertu nationale avec une gloire sans tache ;
un impudent et injurieux libelle, enfin, qui
accuse le roi d'un tel peuple, non-seulement
d'avoir gagé des assassins, mais d'avoir été
assez dépourvu de toute honte, assez étran-

ger à tout sentiment d'honneur pour avoir
promis à ces mêmes assassins, si leurs
projets meurtriers avaient réussi, la plus
haute marque d'une distinction publique,
la récompense réservée aux hommes d'état
et aux héros....., l'ordre de la Jarretière...!
L'ordre qui a été fondé par les héros de
Cressy et de Poitiers...! la Jarretière, qui a
été portée par Henri-le-Grand (1) et par
Gustave Adolphe ; qui pourrait aujourd'hui
être portée par le héros qui, sur les côtes de
la Syrie, cet ancien théâtre de la chevalerie
anglaise, a fait revivre la réputation de la valeur anglaise et de l'humanité anglaise......!
cette Jarretière, non encore souillée, qu'un
détestable libelliste ose dire s'acheter au prix
du meurtre et de l'assassinat !

Si j'avais eu à défendre un éditeur anglais
pour la réimpression de cet abominable libelle, je vous aurais dit, qu'il a été publié
dans l'origine par le gouvernement français,
dans sa gazette officielle ; qu'il a été réimprimé par l'éditeur anglais pour satisfaire la
curiosité du public, peut-être pour exciter le
juste ressentiment des lecteurs anglais ; j'au-

(1) L'ordre de la Jarretière décore aujourdhui
Louis XVIII.   *(Note du Traducteur.)*

rais soutenu, et je l'espère avec succès, que
cette réimpression d'un libelle n'avait aucunement le caractère d'un libelle, quelle était
permise et même digne d'éloge. Eh bien !
tout ce qui eût été important, tout ce qui du
moins eût été essentiel à dire dans une pareille défense, je vous le présente aujour-
d'hui en faveur de M. Pelletier ; et si, un pa-
pier nouvelles anglais peut impunément publier de nouveau les libelles des Français
contre Sa Majesté, je vous laisserai à juger
si M. Pelletier, dans de pareilles circonstances, ne peut pas, avec une égale impunité, publier les libelles de Chénier contre le
premier Consul. D'un côté vous avez la pro-
testation de M. Pelletier, que cette ode n'est
qu'une réimpression..... Vous avez aussi le
plan général de son ouvrage, avec lequel
une pareille réimpression est parfaitement
d'accord : d'un autre côté, vous n'avez que
la supposition de M. le procureur-général,
que cette ode est une production originale de
l'accusé.

Mais, en supposant que vous pensiez que
c'est sa production, et que vous pensiez aussi
que c'est un libelle....; dans cette supposition
même, que je ne puis anticiper, je ne suis

pas laissé sans défense. Cette question me
sera toujours permise : Est-ce un libelle contre
Buonaparte, ou est-ce un libelle contre Chénier? L'information ne se fait pas ici pour
un libelle contre Chénier ; et si vous croyez
que cette ode ait été composée par M. Pelletier, dans l'intention de couvrir cet écrivain
de l'odieux du jacobinisme, l'accusé a droit à
ce que vous prononciez contre lui votre *verdict* de non coupable ; si vous croyez encore
qu'il est attribué à quelques auteurs jacobins,
dans l'intention de critiquer une faction française jacobiniste, vous devez aussi dans ce
cas l'acquitter. *Butler* met un langage séditieux et immoral dans la bouche des rebelles
et des fanatiques ; mais *Hudibras* n'est pas
pour cette raison un libelle contre la moralité et contre le gouvernement.

Swift, dans son écrit ironique, le plus
piquant qui soit au monde, c'est-à-dire, son
argument contre l'abolition de la chrétienté,
emploie le langage de ces prétendus esprits
forts, de ces damoiseaux et de ces ignorans
que ses traits satyriques ont pour but de
pulvériser. Le plan de cette ironie exigeait
un peu de légèreté, et même quelque profanation du langage ; mais personne n'a été

assez insensé pour douter si l'auteur du conte du *Tonneau* avait fait une satire contre l'athéisme ou contre la religion. De la même manière M. Pelletier, lorsqu'il a écrit une satire contre le jacobinisme français, a été obligé d'attribuer à des jacobins une haine jacobinique contre le gouvernement ; il a été obligé, pour les convenances dramatiques, de mettre dans leur bouche ces maximes ironiques dont on se plaint dans cette ode. Mais, dira-t-on, les provocations à l'insurrection sont dirigées contre l'autorité de Buonaparte; cela ne prouve rien, puisqu'elles eussent été dirigées de cette manière, si l'ode était une satire contre le jacobinisme. Les jacobins français doivent déclamer contre Buonaparte, puisqu'il exerce le pouvoir monarchique du gouvernement ; le satirique qui les attaque doit donc emprunter leurs sentimens et adopter leur langage.

Je ne prétends pas dire ici, Messieurs, que M. Pelletier se sente quelqu'affection ou qu'il rende foi et hommage à Buonaparte ; si je le disais, il me désavouerait ; il dédaignerait d'acheter sa décharge de toute accusation par la manifestation de sentimens qu'il abhorre. Ce n'est pas un crime que de ne pas aimer Buonaparte. Il ne s'agit pas de savoir si M. Pelletier aime ou hait le premier Consul, mais s'il a mis un langage révolutionnaire dans la bouche des jacobins, dans le dessein de peindre leur incorrigible turbulence, et de vouer les fruits des révolutions jacobiniques à l'exécration du genre humain.

Nous ne pouvons, Messieurs, faire une réponse convenable à cette question, sans en examiner préalablement deux ou trois autres dont la réponse à la première doit beaucoup dépendre. Existe-t-il en France une faction qui respire l'esprit et qui est présumée pouvoir employer le langage de cette ode? Ce langage s'accorde-t-il parfaitement avec le caractère et les vues de cette faction? N'est-il pas entièrement contraire aux sentimens, aux opinions et aux désirs de M. Pelletier? Si ces questions peuvent être répondues par l'affirmative, vous conviendrez avec moi, je l'espère, que M. Pelletier ne professe pas dans cette ode ses propres sentimens; qu'il n'y exhale pas sa haine contre Buonaparte, mais qu'il personnifie un jacobin, et adopte son langage dans le dessein de faire la satire de ses principes.

Ces questions, Messieurs, me conduisent

à ces discussions politiques qui, généralement parlant, sont insupportables, et inspirent le dégoût dans une cour de justice. Ici cependant elles sont nécessaires, et je ne les prendrai en considération qu'autant que l'intérêt de la cause l'exigera.

Messieurs, la révolution française!..... Il faut que je m'arrête après avoir prononcé ces mots qui présentent une idée aussi accablante.... Mais je n'ai pas dans ce moment à m'engager dans une entreprise aussi supérieure à mes forces, que celle d'examiner et de juger cette épouvantable crise.... Je n'ai à considérer que les factions qu'elle doit avoir laissées derrière elle.

La révolution française commença avec de grandes et de fatales erreurs ; ces erreurs ont produit des crimes atroces. Une monarchie douce et faible fut remplacée par une monarchie sanguinaire, qui donna très-promptement naissance au despotisme militaire. La France en quelques années décrivit tout le cercle des maux de la société humaine. L'ordre et la nature des choses le voulaient ainsi ; lorsque toute règle de discipline et d'autorité civile fut anéantie ; lorsque tous les principes qui mettent quelques hommes à

même de commander et disposent les autres
à obeir, furent extirpés du cœur humain par
d'affreuses théories et par des exemples encore plus affreux ; lorsque toute institution
ancienne fut foulée aux pieds avec mépris,
et que toute nouvelle institution fut dans son
berceau, couverte de sang ; lorsque le principe de la propriété, cette ancre d'espérance
de la société, fut anéanti ; lorsque le peuple
fut instruit à mépriser tout ce qui était ancien, et forcé de détester tout ce qui était
nouveau, il ne resta qu'un seul principe assez
fort pour contenir la société ; un principe à
la vérité entièrement incompatible avec la
liberté et ennemi de la civilisation elle-
même, un principe tyrannique et barbare ;
mais dans cette misérable condition des affaires humaines, un refuge contre des maux
encore plus insupportables... Je veux parler
du principe de la puissance militaire qui
prend des forces dans cette confusion générale, même dans cette effusion de sang, où
tous les autres élémens de la société sont dis-
sous, et qui, dans les terribles extrémités,
est le ciment qui la préserve d'une entière
destruction.

C'est dans de pareilles circonstances que

Buonaparte usurpa le suprême pouvoir chez une nation voisine.... J'ai dit usurpa, parce qu'une illégale occupation du trône est une usurpation. Mais l'usurpation dans son sens moral le plus fort, peut à peine s'appliquer à une époque d'anarchie sauvage et féroce. Le crime d'usurpation militaire appartient aux auteurs de ces bouleversemens, qui tôt ou tard donnent nécessairement naissance à l'usurpation.

Ainsi, pour nous servir des expressions de l'historien, « il devient évident, par l'exemple des temps récens comme par celui des temps passés, que la violence illégale, de quelque prétexte qu'elle se couvre et quelqu'objet qu'elle poursuive, doit indubitablement finir par le gouvernement arbitraire et despote d'une seule personne ». Mais quoique le gouvernement de Buonaparte ait imposé silence à ces factions révolutionnaires, il ne les a pas éteintes ; il n'a pas pu les dompter ; aucun pouvoir humain ne pouvait réimprimer dans le cœur des hommes ces sentimens et ces opinions que le sophisme et l'anarchie de quatorze ans avaient effacés. Il doit exister une faction qui respire l'esprit de l'*ode* soumise aujourd'hui à votre examen.

Ce n'est pas, je le sais, l'esprit de la ma-
jorité tranquille et soumise du peuple français ; elle a plutôt souffert qu'agi dans la révolution. Entièrement épuisée par les calamités qu'elle a été obligée de traverser, elle
cède au premier pouvoir qui lui donne le
repos. Il est un degré d'oppression qui ex-
cite les hommes à la résistance, mais il en
est un autre et un plus grand qui les subju-
gue et l'énerve.

Vous remarquerez, Messieurs, que Robespierre lui-même a joui de la plus parfaite
sécurité jusqu'au moment où il a attaqué ses
propres complices. Le courage des hommes
vertueux était abattu, et il ne resta de vigueur de caractère pour l'anéantir, que dans
les audacieux brigands qui partageaient sa
tyrannie.

Quant à la malheureuse populace qui était
l'aveugle et vil instrument de tant de crimes,
dont la frénésie ne peut presque être maintenant considérée par les bons esprits, avec
aucun autre sentiment moral que celui de la
compassion ; cette misérable multitude d'êtres
à peine humains, est déjà tombée dans un
stupide oubli des atrocités qu'elle a commises
elle-même ; elle a déjà oublié tous les actes

de sa crapuleuse furie. Si vous demandez à l'un des individus dont elle se compose, qui a détruit ces monumens splendides de la religion et des arts? il vous répond d'un air embarassé : « Ce sont les jacobins ». Quoique celui qui fait cette réponse ait probablement été jacobin lui-même ; de sorte qu'un voyageur qui ne connaîtrait pas l'histoire de France, pourrait supposer que *jacobins* est le nom de quelque horde tartare qui, après avoir dévasté la France pendant dix ans, en aurait été chassée par les naturels du pays. Cette lie du peuple a passé d'une rage imbécille au repos de la torpeur. Son délire a été suivi de la léthargie.

En un mot, Messieurs, la grande masse du peuple français a été cruellement maltraitée dans ces convulsions et dans ces proscriptions qui sont l'école de l'esclavage ; elle n'est capable d'aucun mouvement séditieux, d'aucun sentiment hardi, et vigoureusement politique ; et si cette ode avait pour but d'exprimer leurs opinions, c'en serait un portrait très - infidèle ; mais il en est autrement de ceux qui ont joué le rôle principal dans cette scène de sang ; il en est autrement de ces nombreux agens de la tyrannie la plus infatigable, la plus active dans ses recherches, la plus variée qui ait jamais existé ; qui s'est montrée par-tout et sous toutes les formes, qui a parcouru toutes les branches de la société, et qui a eu ses ministres et ses victimes jusque dans les plus petits villages de la France.

Quelques-uns d'entr'eux, les plus viles de cette race hideuse, les sophistes, les rhéteurs, les poètes lauréats (1) du meurtre, qui n'étaient cruels que par lâcheté et par le calcul de l'égoïsme, sont prêts à offrir leur plume vénale à tout autre gouvernement qui ne dédaignera pas leur infâme soutien. Ces hommes républicains par bassesse, qui ont publié des panégyriques sur les massacres, et qui ont réduit le pillage à un système de moralité, sont tout aussi disposés à prêcher l'esclavage que l'anarchie. Mais les plus audacieux... (j'ai pensé dire les plus respectables brigands,) ne peuvent pas aussi facilement courber la tête sous le joug ; leur farouche courage n'a pas perdu « l'*indomptable volonté*,

---

(1) Le poète lauréat, en Angleterre, est celui qui est chargé de faire une pièce de vers le jour de l'anniversaire du roi.

le goût irrésistible de la vengeance, la haine
implacable et mortelle ». Ils abandonnent les
jouissances et le luxe de la servitude aux vils
et rampans hypocrites, aux *Bélials et aux*
Mammons d'une faction infernale ; ils pour-
suivent leur ancien plan de tyrannie, sous
leur ancien prétexte de liberté. Le souvenir
de leur puissance illimitée, leur fait paraître
toute condition inférieure insipide, incom-
mode, importune ; et leurs premières atrocités forment, si je puis parler ainsi, une sorte
de destinée morale qui les porte d'une manière irrésistible à perpétuer de nouveaux
crimes. Il n'est plus d'endroit sur la terre où
ils puissent se livrer au repentir ; ils sont
sous le poids de la proscription d'opinions
la plus terrible qui ait jamais été prononcée
contre des êtres humains. Ils ont rompu tous
les ponts par lesquels ils pouvaient rentrer
dans la société.... Réveillés de leurs songes
démocratiques, le bruit qui rendait leurs
oreilles sourdes à la voix de l'humanité s'est
entièrement calmé ; le voile qui dérobait à
leurs yeux la noirceur de leurs forfaits, est
tombé. Poursuivis par le souvenir de crimes,
que rien ne peut expier ; condamnés tous les
jours à voir les veuves et les orphelins qu'ils

ont faits ; ils sont continuellement chatiés
par la verge de ces véritables furies, et pré-
cipités dans le tumulte de nouveaux attentats
qui étoufferont en eux le cri du remords, ou
qui, s'ils ont l'ame trop dépravée pour entendre ce cri toujours renaissant, feront taire
les malédictions du genre humain. Le pouvoir tyrannique est leur seul refuge contre
la juste vengeance de leurs semblables ; le
meurtre est leur seul moyen d'usuper la souveraineté ; ils n'ont d'autres goûts, d'autres
occupations, d'autre ambition. que le pouvoir
et l'assassinat. Si on leur attache les mains, ils
auront encore la passion des projets meurtriers : ils ont trop bu de sang humain pour
renoncer à leur appétit de cannibales.

Une pareille faction existe en France; elle
est nombreuse ; elle est puissante ; elle a
un principe de fidélité plus fort que tous les
liens qui aient jamais consolidé une associa-
tion. Ils sont unis par le désespoir du par-
don, par la détestation unanime du genre
humain. Maintenant contenus par un gouvernement sévère et cruel, ils n'en méditent
pas moins de nouveaux projets d'insurrection et de massacre, et ils sont prêts à re-
nouveler le plus affreux et le plus atroce de

leurs crimes ; le crime contre la postérité et contre la nature elle-même, le crime dont les dernières générations peuvent sentir les plus funestes conséquences.... Le crime de dégrader et de prostituer le nom sacré de la liberté !

J'avoue, tout paradoxal que cela peut paraître, que je n'aurais presque pas une opinion pire, ni plus flétrissante de ces hommes, s'il en était autrement. Je ne dois donc pas les croire dépourvus de ce que.... je n'appelerai pas courage, parce que c'est le nom d'une vertu...; mais de cette féroce énergie qui seule arrache les scélérats au mépris. S'ils étaient dépourvus de ce qui est l'héroïsme du meurtre, ils seraient les plus vils comme les plus abominables des êtres.

Il est impossible néanmoins de concevoir rien de plus misérable que des malheureux, qui, après avoir insulté, menacé, outragé leur souverain le plus doux et le plus irréprochable des rois, ainsi que sa famille sans défense, qu'ils ont tenue si long-temps dans un donjon, tremblante pour ses jours ; qu'ils ont mis à mort par une lente torture de trois ans, après avoir joué les républicains et les tyrranicides avec des femmes et des enfans,

sont devenus les esclaves timides et caress-
sans du premier audacieux qui sache tenir
d'une main ferme la verge du despotisme.

Je me suis servi du mot républicain, parce
que c'est le titre que se donne cette faction
atroce. L'emploi de ce nom est un de ses
crimes ; elle n'est pas plus républicaine que
royaliste : elle est l'ennemie commune de
toute société humaine. A Dieu ne plaise que
par l'emploi de ce mot, je ne fasse allusion
aux membres respectables de ces associa-
tions républicaines qui ont existé en Europe
avant la révolution française. Cette révolution a épargné plusieurs monarchies, mais
elle n'a épargné aucune république qui se
trouvait dans la sphère de son activité des-
tructive. Il n'existait qu'une république dans
le monde, une république du sang anglais,
qui, dans l'origine, était composée de sociétés républicaines sous la protection d'une
monarchie, qui par conséquent n'a pas eu
un changement périlleux et considérable à
faire dans sa constitution intérieure, et dont
je me plais et je m'honore de le dire, les
habitans, même dans les convulsions de la
plus déplorable séparation, ont déployé l'humanité et la valeur que je me flatte de pouvoir

4

dire qu'ils tiennent de leurs ancêtres. Je n'en-
tends pas non plus par ce mot de républicain, confondre cette exécrable faction avec
toutes celles qui, dans la liberté d'une spécu-
lation privée, peuvent préférer la forme du
gouvernement républicain. J'avoue néanmoins qu'après les plus mûres réflexions, je
ne puis concevoir une erreur plus grossière
que celle de ceux qui croient à la possibilité
de fonder une république sur l'une des anciennes monarchies de l'Europe, qui pen-
sent que dans de pareils pays, une magistrature élective suprême puisse produire
autre chose qu'une succession de tyrannies
cruelles et de guerres civiles ensanglantées ;
c'est une supposition qui est démentie par
l'expérience, et qui décèle la plus grande
ignorance des premiers principes de la constitution des sociétés... ; c'est une erreur qui
a une fausse apparence de supériorité sur
le préjugé vulgaire ; elle est donc suscepti-
ble d'être accompagnée de la présomption
et de la témérité les plus criminelles, et de
se laisser enflammer par le fanatisme le plus
immoral, je dirai même le plus antisocial.
Mais tant que cette erreur restera *quies-
cente*, elle ne doit pas être le sujet d'une
désapprobation morale.

Si donc, Messieurs, une pareille faction qui se qualifie faussement de républicaine, existe en France, considérons si cette ode peint les sentimens, décrit le caractère et s'accorde avec les vues de cette faction. En la jugeant d'après le principe que j'ai établi, je crois que vous n'aurez pas de peine à conclure que le plan de cette production est de faire le tableau historique des Brutus et des brutes de la république qui ont pris et déshonoré le nom de Brutus (1), et qui, sous ce nom, ont siégé comme juges dans leurs tribunaux dérisoires, le pistolet à la ceinture, pour anticiper la fonction d'exécuteurs sur ces malheureux qu'ils ont traités de rebelles pour leur résistance à Robespierre et à Couthon.

Je vais maintenant vous démontrer que cette ode ne peut pas représenter les opinions de M. Pelletier; c'est un royaliste français : il a consacré ses talens à la défense de la cause des rois.

Il a pour cette cause sacrifié sa fortune et hasardé sa vie; il a pour cette cause été

---

(1) Le citoyen Brutus, président de la commission militaire à Marseille, en janvier 1814.

.proscrit et exilé de son pays. Je pourrais facilement concevoir des sujets puissans d'invective contre Buonaparte, de la part d'un
royaliste ; et si M. Pelletier avait fait un appel
aux Français, en invoquant la mémoire de
Saint-Louis et de Henri-le-Grand, en leur
rappèlant le souvenir de cette illustre famille
qui a régné sur eux pendant six siècles, et
avec laquelle toute leur renommée martiale
et toute leur gloire littéraire est si étroite-
ment liée ; s'il les avait adjurés au nom sans
tache de ce Louis XVI, le martyr de son
amour pour son peuple, dont presqu'aucun
homme en France ne peut prononcer le nom
sans prendre l'accent de la pitié et de la vénération... ; s'il les avaient AINSI excités à con-
vertir leurs inutiles regrets et leur stérile pitié
en une active et généreuse indignation ; s'il
avait reproché aux conquérans de l'Europe
le déshonneur d'être les esclaves d'un obscur
étranger ; s'il avait représenté à leur imagination l'humiliant contraste qui existe entre
leur patrie sous ses anciens monarques, la
source et le modèle du rafinement dans les
arts et le goût, et depuis leur expulsion
l'opprobre et le fléau de l'humanité ; s'il les
avait exhortés à chasser leurs ignobles tyrans

et à remettre leur souverain naturel sur son
trône, j'eusse alors reconnu la voix d'un royaliste...; j'eusse reconnu le langage qui doit
avoir découlé du cœur de M. Pelletier, et
j'eusse été forcé de convenir qu'il était dirigé
contre Buonaparte.

Tels eussent été les sujets sur lesquels se
fût exercé un royaliste, s'il eût publié une
invective contre le premier Consul; mais au
lieu de ces sujets ou d'autres pareils, qu'a-
vons-nous dans cette ode en supposant que
ce soit une invective d'un royaliste? Comment la faire accorder avec le sens commun?
quel but doit-elle servir? à qui est-elle adressée? quel intérêt embrasse-t-elle? quelles
passions cherche-t-elle à réveiller? Si elle
s'adresse aux royalistes, je vous prie alors,
Messieurs, de la lire avec soin, et de me dire
si d'après cette supposition, elle peut être
autre chose que le rêve de la démence; et si
un trait de lunatique n'est pas plus applicable
au cas de l'auteur, que le crime d'un libelle.
D'après cette supposition, n'équivaut-elle pas
en substance à un discours comme le suivant :

« Français! royalistes! je ne vous fais pas
un appel pour venger le meurtre de votre

innocent monarque, l'assassinat de vos parens et de vos amis, le déshonneur et l'oppression de votre pays ; je vous somme par
les droits héréditaires des Barras, transmis.
à travers une longue suite d'âges par la bien-
faisante administration des Merlin et des
Rewbell, ces dignes successeurs de Charle-
magne, dont l'autorité a été aussi douce que
légitime.....; je vous somme de venger sur
Buonaparte la déposition de ce directoire,
qui a condamné la plus grande partie d'entre
nous à la mendicité et à l'exil, qui a couvert
la France de bastilles et d'échafauds, qui a livré les membres les plus respectables de leur
société, les Pichegru, les Barbé-Marbois, les
Barthélemy, à une mort languissante dans les
déserts pestilentiels de la Guyanne...; je vous
somme de venger sur Buonaparte la cause de
ces conseils des cinq-cents, des deux cents,
des anciens et des nouveaux, ces ridicules et
dégoûtans fantômes d'assemblées représen-
tatives, ces misérables conseils que des syco-
phantes et des sophistes ont converti en
machines pour fabriquer des décrets de proscription et de confiscation, qui non-seulement ont proscrit des milliers d'individus à
naître, mais qui par un raffinement et une

innovation de cruauté et de rapine, ont puni
les pères et les parens, non des offenses, mais
des malheurs de leurs fils ; je vous somme de
rétablir le directoire, ces conseils et toute
cette horrible profanation du nom de république, et de punir ceux qui vous en ont dé-
livrés ; je vous conjure de respecter le repaire
de ces bandits comme *le sanctuaire des lois,*
et a déplorer le jour où cet insupportable
fléau a été détruit comme *un jour infortuné ;*
enfin je vous conjure, encore une fois, de
suivre cette déplorable chimère , ce premier
leurre qui vous a conduit à la destruction.... ,
la souveraineté du peuple..., quoique je sache ,
et que vous ayez douloureusement éprouvé ,
que vous n'avez jamais été aussi esclaves en
réalité que depuis que vous avez été souverains en théorie ! »

Qu'il me soit permis de demander à M. le
procureur-général, si d'après sa supposition,
je n'ai pas donné une traduction fidèle de
cette ode ?

Je crois que je puis répéter ici que, si c'est
là le langage d'un royaliste adressé à des royalistes , ce doit être la production d'un lunatique ; mais d'après ma supposition, tout est

ici naturel et conséquent : Vous avez les sentimens et le langage d'un jacobin..... Cette
traduction est donc exacte, si vous prenez
l'ode pour la réimpression historique d'un écrit
jacobinique ; elle est juste, si vous la prenez
pour la représentation satirique des opinions
et des projets des jacobins.

On dira peut-être que c'est la production
d'un écrivain royaliste, qui prend un dégui-
sement républicain pour servir des vues
royalistes ; mais si mon savant ami choisit
cette supposition, je pense qu'une autre ab-
surdité se présentera à lui sous une autre
forme. Nous devons donc supposer qu'elle a
pour but d'exciter un mécontentement républicain et une insurrection contre Buonaparte ; il faut donc la regarder comme adressée aux républicains. M. Pelletier, dans ce
cas, se fût-il annoncé comme l'éditeur de
cette ode, ne l'eût-il pas plutôt fait circuler sous le nom de Chénier, sans y mettre
le sien, ce qui était plus que suffisant pour
prémunir ses lecteurs jacobins contre tous
ses conseils et toutes ses exhortations ? Vous
devez donc le supposer dire : « Républicains, moi qui suis votre mortel ennemi,
depuis quatorze ans que vous m'avez dé-

pouillé de tout ce que je possédais, à qui vous avez défendu de revoir sa patrie sous peine de mort : qui depuis le commencement de la révolution n'ai cessé de verser sur vos folies le ridicule à pleines mains, et d'exposer vos écarts à la détestation de l'univers ; qui dans la cause de mon infortuné souverain, ai bravé vos poignards pendant trois ans, et qui ai échappé, comme par miracle, à vos assassins en septembre ; qui n'ai cessé d'avertir les autres nations par votre exemple, et de recueillir des preuves d'après lesquelles on prononcera votre condamnation ; moi, qui dans ce moment me condamne avec réflexion à un exil et une pauvreté honorables, plutôt que de donner la moindre marque d'un assentiment extérieur à vos blâmables institutions ; moi, votre irréconciliable et infatigable ennemi, je vous offre un conseil que vous savez ne pouvoir être qu'un piége dans lequel j'espère vous voir tomber, quoique par la seule publication de mon nom, je vous aie suffisamment avertis que je ne pouvais avoir d'autre but que celui de votre destruction.

Je vous demande encore, Messieurs, si c'est là du sens commun ? N'est-il pas clair,

d'après le nom de l'auteur, que cette ode
n'est pas adressée aux jacobins, comme d'a-
près son contenu qu'elle n'est pas adressée
aux royalistes ? C'est peut-être l'ouvrage original de Chénier ; car les sujets sont les mê-
que ceux qu'il emploierait..... C'est peut-être
une satire contre le jacobinisme ; car son
style est bien celui d'une pareille composition ; mais ce ne peut être une invective
d'un royaliste contre Buonaparte, composée
pour lui dans le dessein d'exciter les royalistes ou les républicains à l'assassinat du premier Consul. Je ne puis concevoir qu'il soit
nécessaire d'examiner cette ode pour confir-
mer mon induction. Il est cependant un ou
deux passages sur lesquelles je ferai quelques
observations. Le premier offre le contraste qui existe entre l'état de l'Angleterre
et celui de la France.

Ici vous trouverez peut-être, au premier
aperçu, que la teinte du caractère républicain ne se trouve pas bien soutenue, que le
masque démagogique est jeté, que le royaliste
est à découvert devant vous..... Mais, en y
réfléchissant plus sérieusement, vous trouverez qu'une pareille conclusion serait trop
précipitée. Les chefs de la révolution sont

maintenant réduits à envier cette constitution anglaise, que dans l'infatuation de leur
présomptueuse ignorance, ils ont autrefois
rejetée avec dédain. Ils sont maintenant esclaves, ainsi qu'ils l'avouent eux-mêmes,
parce qu'ils ne crurent pas, il y a douze ans,
que les Anglais étaient libres ; ils ne peuvent
pas s'empêcher de voir que l'Angleterre est
le seul gouvernement populaire de l'Europe,
et ils sont obligés de rendre malgré eux hommage à la justesse des principes anglais. L'é-
loge de l'Angleterre est une satire trop frappante de leur gouvernement, pour qu'ils ne
puissent pas s'en apercevoir ; je me permet-
trai en conséquence d'en appeler à tous ceux
qui fréquentent les cercles politiques de Paris, pour savoir si des contrastes entre la
France et l'Angleterre, pareilles à ceux que
je viens de vous lire, ne sont pas les sujets
favoris de la conversation entre les adver-
saires de Buonaparte......... Mais, dans la
stance suivante :

> Cependant encore affligée,
> Par l'odieuse hérédité,
> Londres, de titres surchargée,
> Londres n'a pas l'égalité !

Vous voyez que quoi qu'ils soient forcés de payer un tribut d'éloges involontaires à notre liberté, ils ne peuvent pas renoncer entièrement à leurs fantasques et déplorables chimères. Ils s'efforcent de passer une espèce de compromis entre l'expérience sur laquelle ils ne peuvent fermer les yeux, et les malheureux systèmes auxquels ils restent encore attachés. Le fanatisme est la plus incurable de toutes les maladies mentales, parce que dans toutes ses formes religieuses, philosophiques ou politiques, il se distingue par une sorte de mépris délirant pour l'*expérience*, qui seule peut corriger les erreurs du jugement. Ces démocrates fanatiques parlent toujours de l'odieux principe de gouvernement héréditaire, ils se plaignent toujours de ce que nous n'avons pas l'égalité. Ils ne savent pas que cet odieux principe de l'hérédité est notre boulevard contre la tyrannie; que si nous avions leur prétendue égalité, nous cesserions bientôt d'être les objets de leur envie. Tels sont les sentimens que vous devriez naturellement attendre de lunatiques à demi-guéris. Mais, encore une fois, je vous demande s'ils peuvent être les sentimens de M. Pelletier? Voudrait-il se plaindre de ce que

nous avons trop de monarchie, ou trop de
ce qu'ils appellent aristocratie : s'il a quel-
quelques préjugés contre le gouvernement
anglais, ne doivent-ils pas être d'une espèce
entièrement opposée ?

Je n'ai plus qu'une seule observation à
faire ; elle a rapport au passage que l'on sup-
pose être une provocation à l'assassinat. D'a-
près ma manière de considérer cette question, M. Pelletier n'est nullement responsable de ce passage, quelque reproche qu'il
puisse mériter ; il est mis dans la bouche
d'un jacobin, et on n'affirmera pas, j'espère,
que s'il est une provocation à l'assassinat, il
ne soit pas assorti à son caractère. L'expérience, et une expérience très-récente, a
pleinement prouvé combien la révolution
française a mis de noir dans l'imagination
des hommes, quelle pente audacieuse elle a
donné à leur caractère ; combien elle leur a
fait regarder les projets les plus extravagans
de crime comme des expédiens faciles et or-
dinaires, et à quel degré elle a familiarisé
leur esprit avec des forfaits qui n'étaient connus auparavant des nations civilisées que par
l'histoire des temps barbares, ou comme le
sujet d'une fiction poétique. Mais, Dieu soit

loué, Messieurs, nous n'avons pas appris en Angleterre à accuser un homme de provoquer l'assassinat, pas même un membre de cette faction atroce qui a fait revivre le meurtre politique dans la chrétienté, si ce n'est quand nous y sommes forcés par une évidence irrécusable. Où est ici cette évidence ? En général il est immoral, parce qu'il est indécent, de parler avec légèreté de la destruction d'un être humain, et encore plus de l'anticiper avec plaisir ; mais entre cette immoralité et l'horrible crime de provoquer à l'assassinat, il y a un immense intervalle. L'auteur réel ou supposé de cette ode vous donne à entendre qu'il n'apprendrait pas avec un grand chagrin la mort du premier Consul. La manifestation publique de ce sentiment est loin d'une exhortation à l'assassinat.

Mais, dit mon savant ami, pourquoi exalter dans cette ode l'exemple de Brutus ? Pourquoi reprocher aux Français leur lâcheté de ne pas imiter cet exemple ? Messieurs, je n'ai pas de jugement à prononcer sur l'acte de Marcus Brutus..... Je me réjouis de ne pas en avoir ; je n'oserais pas condamner les actes d'hommes braves et vertueux, dans des

circonstances extraordinaires et terribles ;
des actes qui ont été consacrés par la vénération de tant de siècles. J'oserai encore
moins affaiblir l'autorité des règles les plus
sacrées du devoir par des louanges qui de-
viendraient immorales, même si les actes
étaient en quelque sorte justifiés par les circonstances terribles dans lesquelles ils ont
été faits. Je ne suis pas le panégyriste de
« ces exemples d'esprit public douteux, qui
mettent la morale dans un état de perplexité,
qui font chanceler la raison et reculer d'ef-
froi la nature effrayée (1). »

Mais, quelque opinion que nous puissions
avoir de l'action de Brutus, mon savant ami
ne soutiendra pas que les allusions auxquelles
elle a prêté, que les panégyriques que l'on en
a faits depuis dix-huit siècles, en prose et en
vers, soient une provocation à l'assassinat. Depuis la *conspicuæ divina Philippica famæ*, jusqu'à la déclamation du dernier écolier sur les
bancs, il trouvera avec peine un ouvrage de
littérature sans de pareilles allusions, et il
n'en trouvera pas sans panégyriques..... Je
dois dire qu'il a plus interprété cette ode en

---

(1) Œuvres de Burke, vol. IV, page 427.

procureur-général, qu'en critique de poésie ;
suivant son interprétation, tous les brillans
écrivains dans notre langue auraient prêché le
meurtre.

Après m'être aussi étendu sur ce libelle
supposé, je serai très-court sur les deux autres, c'est-à-dire sur les vers attribués à un patriote hollandais, et la parodie du discours de
Lépidus. L'œil perçant de M. le procureur-
général a encore découvert dans le premier
de ces libelles supposés, une provocation à
l'assassinat...., la plus savante provocation
à l'assassinat qui ait jamais été adressée à des
scélérats ignorans, tels que ceux que très-
probablement on emploie pour des projets
aussi criminels ; une obscure allusion à une
partie obscure et peut-être fabuleuse de l'histoire romaine au meurtre supposé de Romulus, dont personne de nous ne connaît
rien, et dont les jacobins de Paris et d'Ams-
terdam n'ont jamais, peut-être, entendu
parler..... Mais l'*apothéose*....! Ici mon savant
ami s'est un peu oublié lui-même : il semble
conclure que l'apothéose présuppose toujours la mort ; mais il doit savoir qu'Auguste, et même Tibère et Néron, furent déi-
fiés pendant leur vie, et il ne peut pas avoir

oublié les expressions dans lesquelles un
despote de la cour d'Auguste parle de la divinité de son maître :

> . , . . *Præsens divus habebitur*
> *Augustus adjectis Britannis*
> *Imperio.* . . .

La conséquence la plus sérieuse que l'on
puisse tirer de ce passage, c'est qu'il exprime
le désir que quelqu'un meure. Je répète que
je ne soutiens pas qu'il soit décent de manifes-
ter de pareils désirs, ou même convenable de
les former ; mais la distance entre un pareil
désir et une provocation au meurtre, est
immense. Tel désir de la mort d'un homme,
n'est souvent autre chose qu'une manière
forte et malséante, je l'avoue, d'exprimer sa
haine pour son caractère.

Mais sans pousser cet argument plus loin,
je me crois en droit d'appliquer à ces vers
le même raisonnement que j'ai déjà appli-
qué au premier libelle supposé contre Buonaparte. S'ils sont la composition d'un pré-
tendu patriote, M. Pelletier peut les réimprimer sans être coupable. S'ils sont une satire contre de prétendus patriotes hollandais,

ils ne sont pas un libelle contre Buonaparte.
En supposant même, pour répondre à l'argument, qu'ils contiennent une exhortation
sérieuse à l'assassinat: y a-t-il rien dans une
pareille exhortation d'incompatible avec le
caractère de ces prétendus patriotes?

Ceux qui ont montré de l'antipathie pour
le gouvernement doux et tolérant de leur
pays, parce qu'il ne cadrait pas avec leurs
théories bizarres; ceux qui détestèrent
comme tyrannique cette administration qui
fit de la Hollande un des prodiges du monde
par la protection donnée à l'industrie, par
la liberté des opinions et des actions, et par
une prospérité que je puis me permettre
d'appeler le plus grand triomphe de l'homme
sur les élémens; ceux qui invoquent l'aide
des tyrans, des tyrans les plus cruels que
l'Europe ait jamais vus; qui servirent dans
les armées de Robespierre, sous le prétexte
impudent de donner la liberté à leur pays,
et qui ont fini par ensevelir dans le même
tombeau, sa liberté, son indépendance, et
peut-être son existence nationale, n'ont pas
de grands droits aux ménagemens d'un satirique, et il violera à peine les convenances,
quelque langage criminel et détestable qu'il

leur impute ; ceux qui n'ont pas pu souffrir
l'autorité de leur ancien gouvernement, qui
était l'indolence, la bonté même, ne sont sûrement pas disposés à endurer avec patience
le joug de cette domination sévère qu'ils se
sont attirée sur eux-mêmes, et qui n'est que
la juste punition de leurs crimes ; ceux enfin,
je le répète, qui appelèrent dans leur patrie
des tyrans pour y établir la liberté, des
tyrans qui devaient anéantir l'indépendance
de leur pays, sous prétexte de réformer sa
constitution, sont capables de tout.

Je ne connais rien de plus odieux que leur
caractère, si ce n'est celui de ces hommes
qui ont invoqué l'aide des oppresseurs de la
Suisse pour être les libérateurs de l'Irlande.
Le crime de ceux-ci a des circonstances par-
ticulières qui l'aggravent. Ils voulaient, au
nom de la liberté, livrer leur pays aux tyrans les plus ennemis des lois, de la sincérité et de la clémence, qui aient jamais été les
fléaux de l'Europe : qui, au moment de leurs
négociations, étaient couverts du sang des
malheureux Suisses, martyrs d'une véritable
indépendance, d'une véritable liberté. Leurs
succès eussent été la destruction de la seule
contrée libre qui existe en Europe, de l'An-

gleterre, le seul boulevard des restes de l'indépendance européenne. Leurs moyens étaient les passions de villageois ignorans et barbares, et une guerre civile qui ne pouvait manquer de produire tous les crimes horribles et toutes les horribles représailles de la dernière des calamités qui puisse affliger le genre humain..... une révolte servile. Ils conçurent l'exécution des vues les plus dangereuses par le plus abominable des moyens; ils travaillèrent à l'esclavage de l'espèce humaine, en employant le secours de crimes et de misères que les hommes doués de la plus grande humanité, de la conscience la plus pure, se seraient fait un scrupule d'employer pour opérer la délivrance du monde entier.

Le dernier de ces libelles supposés est une parodie du discours de Lépidus dans les fragmens de Salluste. C'est assurément une parodie très-spirituelle et très-ingénieuse d'un original enveloppé d'obscurités satiriques qu'il n'est pas de notre ministère d'examiner. On dit que cette parodie a été clandestinement placée dans les papiers d'un des hommes les plus aimables et les plus respectables de la France; on dit que ce trait de perfidie est d'un des espions de Fouché.

Messieurs, je regarde cet écrit comme une satire contre Fouché, contre sa fabrique de conspirations, contre ses inventions pour perdre des hommes innocens et vertueux, et j'admettrais que c'est un libelle contre Fouché, s'il était possible de le *libelliser*. J'avoue que j'aimerais voir Fouché paraître comme plaignant, et demandant réparation de ce caractère outragé, devant un tribunal quelconque, qui fut à l'abri de sa griffe, et dont il n'aurait pas le pouvoir d'envoyer les juges à la Guianne ou à Madagascar. Le bonheur veut que nous sachions quelque chose de l'histoire de M. Fouché, d'après un témoin irrécusable qui dépose contre lui.... d'après lui-même. Vous m'excuserez peut-être de vous lire quelques passages de ses lettres, écrites en 1793, qui vous mettront à même de juger si une satire peut être aussi sévère que le portrait qu'il fait de lui-même :

« Citoyens collègues, nous poursuivons notre mission avec l'énergie de républicains qui ont le sentiment profond de leur caractère ; nous ne le déposerons point, nous ne descendrons pas de la hauteur où le peuple nous a placés pour nous occuper des misérables intérêts de quelques hommes plus ou moins coupables envers la

patrie. Nous avons éloigné de nous tous les individus ,
parce que nous n'avons point de temps à perdre, point
de faveurs à accorder; nous ne devons voir , et nous ne
voyons que la république , que vos décrets, qui nous
commandent de donner un grand exemple , une leçon
éclatante; nous n'écoutons que le cri du peuple , qui
veut que tout le sang des patriotes soit vengé une fois
d'une manière prompte et terrible, pour que l'humanité
n'ait plus à pleurer de le voir couler de nouveau.

« Convaincus qu'il n'y a d'innocens dans cette infâme
cité (la malheureuse ville de Lyon!) que celui qui fut
opprimé ou chargé de fers par les assassins du peuple
(il veut parler de meurtriers qui furent condamnés à
mort pour leurs crimes), nous sommes en défiance
contre les larmes du repentir : rien ne peut désarmer
notre sévérité ; ils l'ont bien senti ceux qui cherchent à
vous surprendre, ceux qui viennent de vous arracher un
décret de sursis en faveur d'un détenu. Nous sommes
sur les lieux; vous nous avez investis de votre confiance,
et nous n'avons pas été consultés.

« Nous devons vous le dire , citoyens collègues , l'indulgence est une faiblesse dangereuse propre à rallumer
les espérances criminelles , au moment où il faut les
détruire : on l'a provoquée envers un individu; on l'a
provoquée envers tous ceux ceux de son espèce , afin de
rendre illusoire l'effet de votre justice; on n'ose pas
encore vous demander le rapport de votre premier
décret sur l'anéantissement de la ville de Lyon; mais
on n'a presque rien fait jusqu'ici pour l'exécuter : (comme
c'est pathétique!) les démolitions sont trop lentes, il
faut des moyens plus rapides à l'impatience républi-

caine. L'explosion de la mine et l'activité dévorante de la
flamme peuvent seules exprimer la toute puissance du
peuple ; (malheureuse populace, toujours le prétexte,
l'instrument et la victime des crimes politiques !) sa volonté ne peut être arrêtée comme celle des tyrans; elle
doit avoir les effets du tonnerre.

Signés COLLOT-D'HERBOIS et FOUCHÉ.

(Moniteur, 24 novembre 1793.)

L'échantillon de l'humanité de ce digne
personnage, que je vais vous donner maintenant, est un discours prononcé au club des
Jacobins, le 21 décembre 1793, par son digne collègue, en mission à Lyon, Collot-
d'Herbois.

« On nous a accusés d'être des antropophages, des
hommes de sang; et ce sont des pétitions contre-révolutionnaires, colportées par des aristocrates, qui nous
font ce reproche! On examine avec l'attention la plus
scrupuleuse de quelle manière sont morts les contre-
révolutionnaires; on affecte de répandre qu'ils ne sont
pas morts du premier coup..... Eh ! Jacobins, Chaslier
(ce Chaslier était le Marat de Lyon) est-il mort du
premier coup? Si les aristocrates avaient triomphé,
croyez-vous que les Jacobins eussent péri du premier
coup ? et la Convention, qui avait été mise hors de la
loi par les scélérats, aurait-elle péri du premier coup ?
Qui sont donc ces hommes qui réservent toute leur
sensibilité pour des contre-révolutionnaires, qui évoquent
douloureusement les mânes des assassins de nos frères ?

Qui sont ceux qui ont des larmes de reste pour pleurer sur les cadavres des ennemis de la liberté, alors que le cœur de la patrie est déchiré? Une goutte de sang versée des veines généreuses d'un patriote, me retombe sur le cœur; (l'humaine créature !) mais je n'ai point de pitié pour des conspirateurs. (Il veut donner cependant une preuve irrécusable de sa compassion.) Nous en avons fait foudroyer deux cents d'un coup, et on nous en a fait un crime! Ne sait-on pas que c'est encore une marque de sensibilité ? (Quelle étonnante chose qu'un pareil acte d'humanité soit appelé un crime !) Lorsque l'on guillotine vingt coupables, le dernier exécuté meurt vingt fois; tandis que ces deux cents conspirateurs périssent ensemble. La foudre populaire les frappe, et, semblable à celle du ciel, elle ne laisse que le néant et les cendres. On parle de sensibilité ! Et nous aussi nous sommes sensibles : les Jacobins ont toutes les vertus ; ils sont compatissans, humains, généreux ; (Ceci est un peu difficile à entendre; mais il s'explique parfaitement par ce qui suit) mais tous ces sentimens ils les réservent pour les patriotes qui sont leurs frères, et les aristocrates ne le seront jamais. »

(Moniteur, 24 décembre 1793.)

Le seul document dont je vous importunerai maintenant, est une lettre de Fouché à son aimable collègue, Collot-d'Herbois qui, comme on pouvait l'attendre d'une communication confidentielle, respire toute la tendresse naturelle de son cœur.

*Fouché à Collot-d'Herbois, son collègue et son ami,
membre du comité de salut public.*

« Et nous aussi, mon ami, nous avons contribué à la
prise de Toulon, en portant l'épouvante parmi les lâches
qui y sont entrés, en offrant à leurs regards des milliers
de cadavres de leurs complices.

« La guerre est terminée, si nous savons mettre à
profit cette mémorable victoire. Soyons terribles, pour
ne plus craindre de devenir faibles ; anéantissons, dans
notre colère, et d'un seul coup, tous les rebelles, tous
les conspirateurs, tous les traîtres, pour nous épargner
la douleur, le long supplice de les punir en rois. (Il n'y
a que de la philantropie dans le cœur de cet homme !)

« Exerçons la justice à l'exemple de la nature, ven-
geons-nous-en peuples ; frappons comme la foudre, et
que la cendre même de nos ennemis disparaisse du sol
de la liberté.

« Que de toutes parts les féroces Anglais soient as-
saillis ; que la république entière ne forme qu'un volcan
qui lance sur eux la lave dévorante ; que l'île infâme qui
produisit ces monstres, qui n'appartiennent plus à
l'humanité, soit à jamais ensevelie sous les flots de
la mer.

« Adieu, mon ami ! Les larmes de la joie coulent de
mes yeux ; (nous allons voir tout-à-l'heure pourquoi)
elles inondent mon ame. Le courrier part ; je t'écrirai
par le courrier ordinaire. »

Signé Fouché.

Suit un petit post-scriptum qui explique
la cause de cette joie excessive, si hyperbo-

lique dans son langage, et qui justifie si complètement l'indignation de l'écrivain plein d'humanité contre ces affreux Anglais, qui sont assez stupides, assez cruels pour n'avoir jamais songé à un bienveillant massacre, à l'effet de s'épargner la peine de punir individuellement des criminels.

P. S. « Nous n'avons qu'une manière de célébrer la victoire; nous envoyons ce soir deux cents treize rebelles sous le feu de la foudre. Des courriers extraordinaires vont partir dans le moment pour en donner la nouvelle aux armées ».

(Moniteur, 25 décembre 1793.)

Tel est, Messieurs, M. Fouché qui, dit-on, à fait glisser cette parodie dans les papiers de mon excellent ami, Camille Jordan, pour servir de prétexte à son assassinat. Les conspirations fabriquées sont un des moyens le plus ordinairement employé par ces tyrans pour de pareilles vues, et si M. Pelletier a eu intention de (le dirai-je ?) *libelliser* Fouché par cette production, je puis facilement comprendre la parodie et l'histoire de son origine ; mais si elle est dirigée contre Buonaparte, pour servir des vues royalistes, je dois me croire entièrement incapable de

concevoir pourquoi M. Pelletier aurait alors
flétri son ouvrage, et l'aurait dépouillé de
toute l'autorité, de toute la force de la persuasion, en y mettant le nom de *Fouché*.

D'après le même principe, je crois que
l'une des observations de mon savant ami,
sur le titre de cette production, peut-être re-
torquée contre lui. Il a appelé votre attention sur le titre de *l'Ambigu ou Variétés
atroces et amusantes*. Maintenant, Messieurs,
je dois vous demander si, dans le cas où
ces invectives eussent été de M. Pelletier et
dirigées contre Buonaparte, il les eût qua-
lifiés du titre odieux d'*atroces*? Mais si ce
sont des échantillons de pensées et d'invectives d'une faction française, le titre est très-
naturel, et les épithètes en sont parfaitement intelligibles. Je ne connais en effet pas
de titre mieux approprié à toutes les tragi-
comédies de la révolution que celui de *Variétés atroces et amusantes*.

Mon savant ami a fait quelques observations sur d'autres parties de cette production, pour vous montrer l'esprit qui anime
ici son auteur; mais elles ne me paraissent
pas bien essentielles à la question qui vous
est soumise. Il importe peu à ma cause que

M. Pelletier ait parlé avec un peu d'irrévé-
rence, avec un peu de vivacité, d'un ton un
peu plus sévère que mon savant ami ne l'eût
désiré, des factions et des administrations en
France. M. Pelletier ne peut pas aimer la révolution ni toute espèce de gouvernement
qui la sert ou qui la soutient. Les révolutionnaires ont détruit sa famille ; ils ont saisi ses
biens ; ils l'ont appauvri ; ils l'ont exilé et
proscrit lui-même. S'il ne les détestait pas ,
il paraîtrait indigne de vivre, et ce serait un
vil hippocrite s'il déguisait ses sentimens à
cet égard; mais je dois vous rappeler qu'on
n'informe point ici contre ceux qui n'hono-
reraient pas suffisamment la révolution française, contre ceux qui n'auraient pas assez de
respect pour le gouvernement consulaire.
On attaque ici un libelle dirigé contre Buonaparte , et si vous pensez que l'intention de
M. Pelletier ait été de réprimer et de critiquer le caractère d'autres individus, vous
devez l'acquitter d'un libelle contre le premier Consul.

Je crois , Messieurs, que je pourrais m'arrêter ici, si je n'avais qu'à considérer la défense de M. Pelletier; je me flatte que vous
êtes déjà convaincus de l'innocence de ce

malheureux gentilhomme ; je crains d'avoir épuisé votre patience, et je sens que j'ai presque épuisé mes forces ; mais une si grande importance est attachée à votre *verdict*, tant de choses en dépendent, que je ne puis m'empêcher de vous soumettre quelques considérations d'une nature plus générale.

Dans la persuasion où je suis que nous sommes à la veille de grands débats, que cette lutte entre le pouvoir et la raison n'est que la première ; que vous avez maintenant entre les mains les seuls restes d'une libre discussion en Europe, je m'adresse à vous comme aux gardiens, aux protecteurs des plus grands intérêts de l'espèce humaine, convaincu que le libre exercice de la pensée dépend plus de votre présent *verdict* que de tous ceux qui ont été prononcés jusqu'à présent par un juri, et je ne puis terminer ce plaidoyer sans vous rappeler les sentimens et la conduite de vos ancêtres dans quelques-unes des situations effrayantes et périlleuses par lesquelles la divine providence a, dans les premiers âges, mis à l'épreuve les vertus de la nation anglaise. Nous sommes arrivés à des temps dans lesquels il nous convient de fortifier notre esprit par la contempla-

tion de grands exemples de constance. Cher-
chons-les dans les annales de nos aïeux.

Le règne de la reine Elisabeth peut être
considéré comme ouvrant l'histoire moderne
de l'Angleterre, surtout dans ses rapports
avec le système moderne de l'Europe qui,
à cette époque, commença à prendre la
forme qu'il a conservée jusqu'à la révolution
française. Ce fut une époque mémorable dont
les maximes devraient être gravées dans le
cœur de tous les Anglais.

Philippe II, à la tête du plus grand empire
du monde, visait ouvertement à une domination universelle, et son projet fut si loin
d'être regardé comme chimérique par les plus
sages de ses contemporains, que dans l'opinion du grand Sully, ce projet eût été cou-
ronné d'un plein succès, si par une singulière
combinaison de circonstances, il n'eût pas
éprouvé à la fois la résistance de deux fortes
têtes, celles d'Henri IV et de la reine Elisabeth. Aux domaines les plus étendus et les
plus riches, aux armées les plus nombreuses
et les mieux disciplinées, il joignait la plus
redoutable influence sur l'opinion; il était
chef d'un parti fanatique préparé à seconder
son ambition par la révolte, l'anarchie et le

régicide dans tous les états protestans. Elisabeth se trouvait parmi les premiers objets de sa haîne. Cette princesse sage et magnanime combattit pour les libertés de l'Europe, quoiqu'elle eût à lutter dans ses Etats contre une faction qui occupait presque toute l'Irlande, qui divisait l'Ecosse, et qui avait une force imposante en Angleterre ; elle secourut les habitans opprimés des Pays-Bas dans leur glorieuse et juste résistance à la tyrannie ; elle aida Henri-le-Grand à appaiser une effroyable rebellion que des principes anarchiques avaient excitée, et que les armes espagnoles avaient soutenue en France ; et après un long règne d'une fortune variée, dans lequel elle conserva un courage invincible à travers de grandes calamités, et de plus grands périls encore, elle parvint enfin à diviser les forces de l'ennemi, et réduisit son pouvoir dans des bornes compatibles avec la sûreté de l'Angleterre et de l'Europe. Le seul allié de cette grande reine fut l'esprit de son peuple, et la politique de cette grande reine était alliée à ce caractère magnanime qui, à l'heure du danger, donne des leçons beaucoup plus utiles que celles de la froide raison. Son grand cœur lui inspira une sagesse plus élevée et

plus noble , qui dédaigna d'en appeler aux
passions basses et sordides de son peuple ,
même pour le soutien de leurs intérêts, parce
qu'elle savait ou plutôt qu'elle sentait que ce
sont des passions efféminées, timides et ram-
pantes sur lesquelles on ne peut pas compter
à l'heure du combat, pour la défense même de
ce qui les concerne. La nation prenant les armes pour une cause juste, Elisabeth excita
les affections généreuses de ses sujets, lesquelles inspirent la hardiesse, la fermeté et
la prévoyance, et qui par conséquent sont les
seules sauve - gardes des intérêts les plus
petits comme des plus hauts d'une nation.
Dans son adresse mémorable à ses armées,
au moment où son royaume était menacé
d'une invasion par les Espagnols, cette fem-
me , d'un courage héroïque , dédaigna de
parler de leur repos et de leur commerce,
de leur richesse et de leur sûreté; elle leur
parla de leur honneur national, de leur dignité comme Anglais ; de *l'indigne opprobre*
que Parme , ou l'Ibérie , OSAT entreprendre
une descente sur les côtes de ses royaumes.
Elle fit naître en eux ces nobles et grands
sentimens qui transforment des hommes vul-
gaires en héros , qui les mènent au champ

d'honneur, armés d'un enthousiasme saint et irrésistible, qui couvrent même de leur bouclier ces intérêts ignobles, qu'un vil calcul ou un lâche égoïsme tremble de hasarder et n'a pas le courage de défendre. Une sorte d'instinct prophétique, si je puis parler ainsi, semble lui avoir révélé l'importance de ce grand instrument pour animer et guider le courage; de ce grand instrument, dis-je, dont les effets ne lui étaient nullement connus, qui depuis le temps où elle vivait, a changé la condition de l'univers, mais que peu d'hommes d'état ont entièrement compris ou sagement employé; qui, sans doute, est lié à beaucoup de détails ridicules et humilians, qui a produit, et peut produire encore de grands maux, mais dont l'influence, après tout, doit être considérée comme la cause la plus efficace de la civilisation, et qui, soit qu'il soit un bienfait ou un fléau, est le ressort le plus puissant que puisse faire jouer un politique; je veux parler de la *presse*. C'est un fait curieux que dans l'année de la grande Armada, la reine Elisabeth fit imprimer les premiers journaux qui aient paru en Angleterre, et j'avoue, lorsque je considère que ce mode de réveiller l'esprit national était alors

6

absolument inconnu, qu'elle ne pouvait avoir
acquis aucune certitude de son efficacité dans
l'exemple des temps précédens, je suis disposé à regarder le recours qu'elle y a eu
comme une des expériences qui montrent le
plus de sagacité, comme une des plus grandes découvertes du génie politique, comme
une des plus frappantes anticipations de l'expérience future que nous trouvions dans l'histoire. Je vous en parle, Messieurs, pour
justifier l'opinion que j'ai osé mettre en avant
de l'étroite connexion de notre esprit national avec notre presse, et même avec notre
presse périodique.

Dans le cours du dix-huitième siècle, un
grand changement eut lieu dans l'état de la
discussion politique de ce pays : Je parle
de la multiplication des papiers-nouvelles.
Les journaux ne jouissent pas, je le sais,
d'une grande popularité dans ces lieux; cela
n'a rien de surprenant, puisqu'ils n'y sont
connus que par leurs fautes ; leurs éditeurs
ne viennent ici que pour reçevoir le châti-
ment dû à leurs offenses. Mais malgré leurs
défauts, je ne puis m'empêcher d'éprouver
une sorte de respect pour tout ce qui est
la preuve d'un accroissement de curiosité

et d'instruction pour l'espèce humaine. Je
ne puis pas non plus m'empêcher de croire
que si l'on montrait un peu plus d'indulgence
et d'égards pour la situation difficile des
journalistes, ce serait le meilleur correc-
tif de leurs défauts, et qu'on apprendrait
par là à ces écrivains, que le respect de soi-
même est la garantie la plus sûre d'une conduite libérale envers les autres. Quoiqu'il en
puisse être, il est certain que la multiplicité
de ces canaux d'instruction populaire, a
produit un grand changement dans l'état de
notre politique intérieure et étrangère. Chez
nous elle a effectué une révolution graduelle
dans notre gouvernement, en augmentant le
nombre des personnes qui exercent une sorte
de jugement sur les affaires publiques ; elle a
créé une démocratie substantielle, infiniment
plus importante que ces formes démagogi-
ques qui ont été le sujet de tant de querelles.
De sorte que, si je puis m'exprimer ainsi,
l'Angleterre a, non-seulement dans ses *formes*, le gouvernement le plus démocratique
qui jamais ait existé dans un grand pays, mais
elle a *en substance* le gouvernement le plus
démocratique qui jamais ait existé dans l'u-
nivers ; si la démocratie la plus *substan-*

tielle est cet état où le plus grand nombre des hommes a un intérêt dans les questions politiques, et peut exprimer sa pensée sur ces mêmes questions, et où le plus grand nombre de jugement et de volontés concourrent à influencer les mesures publiques.

Cette même circonstance donna une grande importance additionnelle à notre discussion de la politique continentale ; cette discussion ne fut plus restreinte, comme dans le siècle précédent, à un petit nombre de pamphlets qui n'étaient écrits et lus que par des gens doués d'une belle éducation ou d'un rang élevé. Un appel fut, dans les papiers publics, directement ou indirectement fait presque tous les jours, au jugement et aux passions de tous les individus du royaume, sur les mesures et les principes non-seulement de son pays, mais encore de tous les États de l'Europe. Le ton de ces journaux, en parlant des gouvernemens étrangers, devint un sujet d'une grande importance. Vous m'excuserez donc si, avant de terminer, je vous rappelle la nature de leur style ou de leur langage dans une ou deux occasions très-remarquables, et la hardiesse avec laquelle ils jugèrent de puissans souverains hors de l'atteinte des

lois et des magistrats de leur propre pays.
Cette tolérance des opinions a été trop longue et trop uniforme pour être accidentelle;
je me trompe infiniment si elle n'est pas
fondée sur une politique que ce pays ne
peut pas abandonner sans sacrifier sa liberté,
et compromettre son existence nationale.

Le premier exemple remarquable que je
choisirai pour prouver la hardiesse impunie,
la hardiesse protégée de la presse anglaise, est
la liberté avec laquelle elle déclama contre la
politique de plusieurs souverains dans le partage de la Pologne en 1772; contre un acte
peut-être moins déplorable dans ses effets
immédiats que quelques autres invasions qui
l'ont suivie, mais très-dangereux, parce que
c'était la première atteinte portée au système
continental. Les auteurs de cette infraction
des lois de la politique étaient les souverains
les plus puissans de l'Europe, et dont il n'é-
tait assurément pas de l'intérêt de l'Angleterre
d'encourir la disgrace. C'étaient les princes
les plus illustres de leur siècle, et qui avaient
des droits incontestables aux plus grands
éloges, tant pour leur administration domes-
tique que pour les brillantes qualités qui distinguaient leur caractère. Mais aucune de ces

circonstances, aucune crainte de leur ressentiment, aucune admiration de leurs qualités, aucune considération pour leur rang, ne
put imposer silence à l'animadversion de la
presse anglaise. Quelques-uns de vous, Messieurs, se rappellent; tous savent qu'un cri
unanime de réprobation s'éleva de toutes les
parties de l'Angleterre contre ces souverains.
Il n'était excité par aucune considération de
notre intérêt national, qu'au contraire ce partage favorisait. Ce n'était pas comme dans
d'autres pays l'indignation de spoliateurs ri-
vaux auxquels il était défendu de prendre part
à la proie commune ; c'était la colère morale
de spectateurs désintéressés contre un grand
crime ; c'était le principe de morale le plus
juste et le plus noble que le dieu de la justice
ait gravé dans le cœur humain, celui dont la
crainte est le seul frein aux actions des coupables puissans, et dont la promulgation est
le seul chatiment qui puisse leur être infligé.
Ce principe est un frein que l'on ne doit jamais briser ; c'est une punition qu'aucun
homme vertueux ne peut désirer d'adoucir.

Il fut parlé en Angleterre de ce crime
dans des termes peu ménagés ; on n'employa
aucune circonlocution timide pour le définir.

La spoliation ne fut point appelée politique; l'oppression d'un peuple innocent ne fut point caractérisée de médiation dans ses affaires domestiques. Aucune poursuite, aucune information criminelle cependant ne s'attacha à la liberté et à la hardiesse du langage employé alors; aucune plainte même ne paraît nous avoir été adressée de l'étranger, aucune menace insolente contre la libre constitution qui protégeait la presse anglaise. Le peuple anglais était depuis trop long-temps connu en Europe, pour que le plus orgueilleux potentat put s'attendre à faire taire notre presse par de tels moyens.

Je passe au second partage de la Pologne en 1792. Vous vous rappelez ce qui se passa dans cette occasion; l'indignation exprimée par tous les hommes et par tous les écrivains des différens partis; les secours qui furent préparés par de grandes masses d'individus pour les Polonais. Je me hâte d'arriver au démembrement de ce royaume, qui me paraît l'exemple le plus frappant dans notre histoire de l'indulgence habituelle, érigée en principe et profondément enracinée par ceux qui exécutent les lois sur les écrivains politiques.

Nous étions engagés dans la guerre la plus étendue, la plus sanguinaire et la plus dangereuse que ce pays aie jamais faite ; et les puissances qui démembraient la Pologne étaient nos alliés, nos puissans alliés, nos alliés dont les secours étaient les plus efficaces. Nous avions toutes sortes de motifs politiques pour cultiver leur amitié ; toutes les raisons d'état semblaient exiger de ne pas permettre qu'ils fussent maltraités par nos écrivains. Qu'arriva-t-il ? Aucun Anglais se trouva-t-il en droit, par rapport à des intérêts temporaires, quelque urgens qu'ils pussent être, d'étouffer ces sentimens d'humanité et de justice, qui sont la sauvegarde des intérêts certains et permanens de tous les pays ? Vous vous rappelez que toutes les voix, que toutes les plumes, que toutes les presses d'Angleterre furent incessamment employées à censurer cette spoliation ? Aucun officier judiciaire de la couronne osa-t-il venir dans une cour de justice se plaindre des écrits audacieux de ce temps ? Non, ils ne se sentirent aucune disposition à le faire ; je crois qu'ils ne pouvaient pas en avoir ; mais je dis que s'ils en avaient eu, s'ils avaient parlé de la nécessité de restreindre nos écri-

vains politiques à une froide narration et à
de froids argumens, s'ils avaient informé le
juri qu'ils ne dirigeaient pas leurs poursuites
contre l'histoire, mais contre les invectives;
que si des écrivains particuliers veulent blâmer de grands princes, ce doit être avec
modération et en gardant un certain déco-
rum, les têtes saines et les cœurs honnêtes
d'un juri anglais auraient confondu de pareils
sophismes et déclaré dans leur *verdict* que
la modération dans le langage est une expression relative qui varie avec le sujet auquel
elle s'applique; que des crimes atroces ne
peuvent pas se raconter avec autant de calme
et de sang-froid que des événemens indifférens ou de peu d'importance; que s'il est des
égards dûs au rang élevé et à l'autorité, il
est des égards bien plus sacrés encore dûs à
la vertu et à la nature humaine qui serait ou-
tragée et foulée aux pieds, si l'on parlait du
crime avec tiédeur et d'un style modéré.

Bientôt après, Messieurs, il se passa un
évènement auprès duquel tous les actes de
rapine et de sang commis dans l'univers, sont
l'innocence même; l'invasion et la destruction de la Suisse, cette scène de crime et
d'infamie qui n'a pas d'exemple, cette agres-

sion non provoquée contre un pays innocent, qui pendant trois siècles consécutifs
avait été le sanctuaire de la paix et de la liberté ; un pays respecté par la plus forte
ambition ; une contrée élevée comme ses
propres montagnes au-dessus des orages qui
crêvaient de toutes parts autour d'elle ; le
seul peuple guerrier qui n'envoya jamais d'armées au-dehors pour troubler ses voisins ; le
seul gouvernement qui ait jamais accumulé
de trésors sans lever de taxes, des trésors
innocens, qui ne sont pas inondés des larmes
du pauvre, le patrimoine intact de la république qui a attesté la vertu d'une longue série de magistrats, mais qui à la fin fixa l'œil
du dévastateur, et devint la cause funeste de
leur ruine !

Messieurs, la destruction d'une pareille
contrée, sa cause si innocente, et sa destinée
si déplorable, firent une profonde impression
sur le peuple d'Angleterre. Je demanderai à
mon savant ami, dans le cas où nous eussions
été en paix avec la république, si nous eussions été paisibles spectateurs des crimes les
plus affreux qui aient souillé le nom de l'humanité ; si, comme des lâches et de vils esclaves, nous eussions réprimé l'indignation

et la pitié dont cette scène horrible avait rempli nos cœurs? Supposons, Messieurs, qu'ALOYS REDING, qui a montré de notre temps la simplicité, la magnanimité et la piété des anciens héros, eut, après sa lutte glorieuse contre l'envahissement de son pays, fait l'honneur à ce royaume de le choisir pour son refuge; qu'après s'être signalé par des prodiges de valeur à la tête d'une poignée de villageois héroïques dans les plaines de Morgerten, où son ancêtre le landamman *Reding* avait, cinq cents ans auparavant, défait les premiers oppresseurs de la Suisse, il eut choisi ce pays comme la demeure adoptée par la liberté, comme l'asile ancien et inviolable des opprimés, mon savant ami aurait-il eu la hardiesse de dire à ce héros, qu'il cachât ses larmes; les larmes d'un héros versées sur les ruines de son pays! de peur qu'elles ne pussent provoquer le ressentiment d'un *Rewbell* ou d'un *Rapinat;* qu'il fallait qu'il calmât le chagrin et la colère dont son cœur était accablé; qu'il fallait qu'il exhalât doucement ses murmures, de peur qu'ils ne pussent être entendus par l'oppresseur? Eût-ce été là le langage de mon savant ami? Je ne le crois pas. Je sais qu'en faisant une pareille supposition, je fais insulte à ses honorables sentimens, à son cœur anglais. Il est persuadé, aussi bien que moi, j'en suis sûr, qu'une nation qui recevrait ainsi les opprimés des autres pays, tendrait sa tête au joug de la servitude. Il sait l'esclavage qu'une pareille nation mériterait et qu'elle subirait. Il sait que la sympathie pour les injustes souffrances des autres, et une colère désintéressée contre leurs bourreaux, sont, si je puis parler ainsi, les moyens désignés par la Providence pour nous inspirer le courage de soutenir nos droits; que l'égoïsme est un principe de timidité qui déserte et trahit sa cause, et que ceux là seuls peuvent se défendre avec valeur, qui sont animés par l'approbation morale avec laquelle ils peuvent examiner leurs propres sentimens envers les autres; qui s'annoblissent à leurs propres yeux par la conscience qu'ils se battent pour la justice comme pour leur intérêt, conscience que peuvent avoir ceux là seuls qui ont souffert des insultes de leurs frères. Tels sont les sentimens que mon savant ami eût éprouvés. Il eut dit au héros : « Votre confiance ne sera pas déçue; c'est toujours ici cette Angleterre dont l'histoire a peut-être contribué à remplir votre cœur de l'héroïsme de la liberté. Toutes les autres contrées de l'Europe sont sous la domination du tyran sanguinaire qui a détruit votre pays. Nous n'avons pas changé ; nous sommes les mêmes hommes qui avons reçus à bras ouverts les victimes de la tyrannie de Philippe II. Nous n'exercerons pas envers vous une humanité timide et clandestine ! Nous ne sommes pas assez lâches pour vous enlever votre plus grande consolation : protégés ici par un peuple libre, brave et magnanime, vous pouvez donner un libre cours à votre indignation ; vous pouvez proclamer les crimes de votre tyran ; vous pouvez le dévouer à l'exécration du genre humain : il est encore un point sur la terre où il est abhorré sans être redouté. »

Je crains, Messieurs, d'avoir abusé déjà de votre indulgence ; mais je dois vous prier de m'accorder encore quelques instans, de me permettre de supposer un cas qui eût pû se présenter, et dans lequel vous verrez les conséquences horribles qui résultent du danger d'exécuter trop sévèrement, contre les écrivains politiques, les lois établies et que je ne puis contester. Nous eussions pu être en paix avec la France pendant tout le cours de

cette terrible période de temps qui s'écoula
entre août 1792 et août 1794, et qui a été appelé *le règne de Robespierre*, la seule série de
crimes peut être dans l'histoire, dont, en
dépit de la disposition commune à exagérer
des faits extraordinaires, le tableau a encore
été affaibli dans l'opinion publique. Je parle
ainsi, Messieurs, d'après des recherches qui
me donnent le droit de l'affirmer avec confiance. Les cœurs étaient accablés sous le
poids de l'énormité et de la multitude des crimes ; leur humanité et leur apathie cherchè-
rent dans le septicisme un refuge contre cette
masse effroyable de délits. Il en résulte que
ces épouvantables forfaits, quoique prouvés
non-seulement par l'évidence historique la
plus complète, mais par les témoignages judiciaires les plus authentiques, n'inspirèrent
qu'une demi-croyance, et qu'ils sont presque
oubliés aujourd'hui. Tandis qu'il se commettait journellement de pareilles atrocités, dont
la plupart ne sont pas plus connues du public
en général que les campagnes de Gengis-
Kan, et sont encore soustraites à l'œil scru-
tateur par l'immensité de ces volumineux ré-
pertoires du crime dans lesquels ils se trouvent consignés, et sous la masse desquels

ils restent ensevelis, jusqu'à ce qu'il se trouve quelque historien doué d'assez de patience et de courage pour les arracher à leur obscurité, et les exposer au grand jour, à la honte du genre humain qu'ils voudront instruire ; tandis qu'il se commettait de ces crimes qui avaient l'indigne cruauté, d'après les prétextes dont ils se couvraient, de faire paraître odieux et détestables les plus nobles objets des désirs humains ; qui avaient presque rendu les noms de liberté, de réforme et d'humanité, sinonymes de l'anarchie, du vol et du meurtre ; qui menaçaient ainsi, non-seulement d'éteindre tous les principes de perfectionnement, d'arrêter les progrès des lumières et de priver les générations futures de cette riche succession qu'elles avaient droit d'attendre des connaissances et de la sagesse du siècle, mais encore de détruire la civilisation de l'Europe ; civilisation qui n'a jamais donné une si grande preuve de sa vigueur et de sa force qu'en résistant à leur pouvoir destructif ; quand toutes ces horreurs, dis-je, se commettaient dans le plus grand empire du continent, je demanderai à mon savant ami comment, si dans le cas où nous eussions alors été en paix avec la France, les

écrivains anglais auraient pu les rétracer sans
encourir l'accusation de faire des libelles
contre un gouvernement ami ?

Lorsque *Robespierre*, dans les débats de
la Convention nationale sur la manière d'as-
sassiner son irréprochable souverain, blâma
le mode fastidieux de meurtre qualifié de jugement, et proposa de mettre immédiatement à mort son Roi, sans lui faire son pro-
cès « d'après les principes insurrectionnels »
parce que douter du crime de ce prince,
serait douter de l'innocence de la Convention, et que si le Roi n'était pas un traître,
les membres de la Convention étaient des rebelles ; mon savant ami aurait-il exigé qu'un
écrivain anglais eût rendu compte de ces in-
famies en « *observant le decorum et la modération convenables ;* » aurait-il voulu qu'un écrivain anglais, quoique sa manière de raison-
ner ne fût pas d'accord avec nos lois nationales, ou peut-être avec nos préjugés nationaux,
qu'il ne fût fait aucunes observations sur les
procédures judiciaires des états étrangers ?

Lorsque *Marat,* dans la même convention,
demanda deux cent soixante et dix têtes, nos
écrivains auraient-ils été obligés de dire que
le remède paraissait à leur faible jugement

un peu trop sévère , mais que ce n'était pas à
eux à juger une assemblée aussi illustre que
la Convention nationale, ou les suggestions
d'un homme d'état aussi éclairé que M. Marat?

Lorsque cette Convention retentit d'ap-
plaudissemens à la nouvelle de plusieurs cen-
taines de prêtres jetés dans la Loire , et particulièrement à cette exclamation de *Carrier,*
qui la communiqua : « *Quel torrent révolution-*
naire est la Loire! » lorsque ces suggestions
et récits de meurtre qui n'avaient encore été
qu'indiqués et débités à voix basse dans les
cabales les plus secrètes, dans les cavernes
les plus obscures de bandits, furent annoncés
d'un air de triomphe , patiemment endurés
et même hautement applaudis par une assemblée de sept cents hommes, agissant sous
les yeux de l'Europe, mon savant ami aurait-
il désiré qu'il se fût trouvé en Angleterre un
seul écrivain d'une ame assez basse, assez vile
pour délibérer sur la manière la plus sûre, la
plus décente et la plus polie de raconter ces
horreurs à ses compatriotes?

Lorsque Carrier fit fusiller cinq cents enfans au-dessous de l'âge de quatorze ans, dont
la plus grande partie échappa au feu par la
petitesse de leur taille ; lorsque ces jeunes vic-

7

times coururent auprès des soldats pour solliciter leur protection, et qu'ils furent percés à coups de baïonnettes pendant qu'ils embrassaient leurs genoux, mon savant ami...; mais je ne puis continuer ces interrogations! ce serait une violence que je ne puis faire à ma sensibilité...; ce serait un affront pour vous...; ce serait une insulte à l'humanité. *Non!* il vaudrait mille fois mieux voir toutes les presses du monde brûlées, l'usage des caractères aboli, le retour de l'homme à l'ignorance des temps les plus barbares, que de souffrir que la littérature fût employée à enseigner la tolérance de la cruauté, à affaiblir la haine morale pour le crime, à dépraver et à abrutir l'esprit humain. Je sais que j'exprime les sentimens de mon ami, comme les miens, lorsque je dis qu'à Dieu ne plaise que la crainte des châtimens rende un Anglais, en corrompant ainsi ses compatriotes, complice et professeur public de dépravation et de barbarie!

Je dois vous rappeler, Messieurs, quelque affligeante et quelque horrible que soit cette idée, que même à cette époque, même sous le règne de Robespierre, mon savant ami, s'il eût été alors procureur-général, eût pu être forcé par une nécessité déplorable à venir

dans cette cour solliciter un jugement contre
les libellistes d'un *** *et d'un Collot-d'Herbois.*
M. Pelletier employait alors ses talens contre les ennemis de l'espèce humaine avec
courage, comme il l'a toujours fait.... Je ne
crois pas qu'aucune paix, aucune considération politique, aucune crainte de châtimens
lui eût imposé silence. Il a fait preuve de trop
d'honneur, de trop de constance et d'intrépidité, pour se laisser ébranler par des considérations comme celles-ci. Mon savant ami
eût donc été obligé alors d'intenter un pro-
cès criminel à M. Pelletier, pour avoir mé-
chamment et malicieusement tenté d'avilir et
de dégrader *Maximilien Robespierre,* président du comité de sûreté générale de la république française. Il aurait pu être réduit à la
triste nécessité de paraître devant vous pour
démentir sa propre façon de penser, pour
faire un crime à M. Pelletier d'avoir publié
des sentimens que lui, mon ami, a mille fois
éprouvés, et qu'il a mille fois exprimés. Il
eût été même obligé d'appeler sur M. Pelletier la vengeance des lois pour un langage que
lui-même, et tout le genre humain, sauraient
fort mauvais gré à M. Pelletier de n'avoir
pas employé. Alors, Messieurs, nous au-

rions reçu la dernière humiliation que puisse éprouver l'Angleterre, celle de voir les tribunaux, les tribunaux respectables et sans tache de ce pays, d'un pays libre, réduits à être les ministres de la vengeance de *Robespierre!* Qui eût pu nous sauver de cette dernière disgrace? L'honnêteté et le courage d'un juri. Il eût délivré les juges de son pays de la cruelle nécessité d'infliger des punitions à un homme brave et vertueux, parce qu'il a dit à un monstre ses vérités. Il eût méprisé les menaces d'un tyran étranger, comme ses ancêtres avaient bravé la puissance de leurs oppresseurs dans leur propre pays.

Cromwell envoya deux fois dans cette même cour, devant laquelle nous paraissons aujourd'hui, un écrivain qui avait publié une satire contre sa tyrannie, pour qu'il fût convaincu et puni comme libelliste; et dans cette même cour, presque en vue de l'échafaud inondé du sang de son souverain, à la vue des baïonnettes qui chassèrent avec ignominie des parlemens, deux juris arrachèrent successivement à sa fureur l'intrépide satirique (1), et renvoyèrent victorieusement l'indigne procureur-général de l'usurpateur,

_____

(1) Lilburne.

d'un tribunal qu'il avait eu l'insolence d'appeler *sa* cour ! A cette époque même où la loi et la liberté étaient foulées aux pieds par une farouche soldatesque, où de grands attentats étaient commis dans des lieux imposans, et par des gens revêtus du pouvoir, contre les objets de la vénération publique, crime qui, plus que tout autre forfait, accable le cœur des hommes, brise leur courage, confond leurs sentimens moraux, et efface toute distinction entre le bien et le mal, dans leur intelligence, et instruit la multitude à n'éprouver aucun sentiment de respect pour cette justice qu'ils voient enchaînée au char de triomphe d'un tyran...; à cette époque même où ce malheureux pays victorieux au-dehors, mais esclave au dedans, n'avait d'autre perspective qu'une longue succession de tyrans se frayant par le meurtre un chemin au trône...; à cette époque, dis-je, où tout paraissait perdu, l'esprit invincible de la liberté anglaise survécut dans les cœurs de nos jurés. Cet esprit, grâce à l'Etre-Suprême, n'est point éteint, je l'espère ; et si un tyran moderne se flattait dans l'ivresse de son insolence d'en imposer à un juri anglais, je suis persuadé qu'il lui dirait : « Nos ancêtres ont

bravé les baïonnettes de Cromwell ; nous
défions les vôtres. » *Contempsi Catilinæ gla-*
dios, non pertimescam tuos.

. Quels seraient les moyens d'un pareil tyran pour intimider un juri? Tant que ce pays
existera, les juris seront munis d'une armure
impénétrable. Jusqu'à l'anéantissement de
leur patrie, ils ne peuvent redouter aucun
danger pour s'être acquittés de leur devoir,
et je ne crois pas qu'il existe un Anglais assez
indigne de la vie pour désirer survivre à l'Angleterre. Mais s'il était réservé à quelques-uns
de nous de se voir condamnés au cruel châ-
timent de survivre à notre pays ; si dans les
conseils impénétrables de la Providence, cet
asile de la justice et de la liberté, ce plus
noble ouvrage de la sagesse humaine, était
destiné à une destruction, qui, je puis le dire
sans être taxé de prévention nationale, serait
la plaie la plus dangereuse faite à la civilisation ; nous emporterons du moins avec nous
dans l'exil la consolation que nous n'avons
pas violé les droits de l'hospitalité envers des
proscrits ; que nous n'avons pas arraché de
l'autel le suppliant qui a invoqué notre protection en qualité de victime volontaire de sa
loyauté et de sa conscience.

Messieurs, je laisse maintenant cet infortuné gentilhomme entre vos mains; son caractère et sa situation doivent intéresser votre humanité...; mais je ne réclame en sa faveur que la justice. Je ne demande qu'une favorable interprétation de ce qui ne peut être regardé que comme un langage équivoque, et en agissant ainsi, vous apprendrez bientôt de l'autorité supérieure que vous avez rempli votre devoir.

HARANGUE DE LÉPIDE

AU

PEUPLE ROMAIN,

CONTRE SYLLA,

PARODIE ATTRIBUÉE A CAMILLE-JORDAN.

Citoyens, la douceur de caractère et la probité qui vous distinguent entre toutes les nations, me causent une inquiétude extrême, au moment où je viens vous entretenir de la tyrannie de notre dictateur.

J'appréhende de ne pouvoir parvenir à vous faire croire qu'il y ait des hommes capables d'actions que vous jugez criminelles :

D'autant que celui que je vous dénonce, a fondé tout son espoir sur le crime et la perfidie ;

Et qu'il ne se croit en sûreté, qu'en se mettant, par sa malice, tellement au-dessus de vos craintes, que l'excès de la misère dans laquelle il retient ses esclaves, leur ôte jusqu'à l'idée de recouvrer leur liberté :

J'appréhende encore que vous ne croyiez qu'il vaut mieux pour vous de vivre au milieu de ces périls, en agissant avec prudence, que d'obéir au sentiment qui vous prescrit de vous venger.

En effet, les satellites de ce monstre, les agens de sa tyrannie, sont ou des hommes qui s'étaient fait autrefois un beau nom, ou ceux dont les ancêtres leur ont laissé de nobles exemples à suivre ; ces hommes, chose étonnante! ont fait le sacrifice de leur propre liberté pour vous asservir : ils aiment mieux nuire à leur concitoyens que de réclamer leurs droits les plus sacrés, et d'agir en hommes libres.

Et pourquoi avons-nous combattu contre la Prusse, l'Autriche, l'Italie, l'Angleterre, toute l'Allemagne et la Russie, si ce n'est pour conserver notre liberté et nos propriétés, et afin de n'obéir à personne, mais seulement aux lois?

Eh bien! ce tigre, qui ose se dire le fondateur ou le régénérateur de la France, jouit du fruit de vos travaux, comme d'une dépouille enlevée aux ennemis. Il n'est pas rassasié de la destruction du roi, ni de tant de braves, ni de tant de princes que la guerre a moissonnés ; il devient et plus avide et plus cruel dans des circonstances où la prospérité change chez la plupart des hommes, la fureur en pitié.

Cet homme, seul maître au milieu de ceux qui l'entourent, a décrété des listes de proscriptions, et fait exécuter des déportations sans jugement, au moyen desquelles il existe des supplices pour des Français qui n'ont pas encore vu le jour. Des familles proscrites au dehors de la France donnent le jour à des enfans opprimés avant de naître : leur misère a commencé avant la vie.

Il faut agir, Citoyens, il faut marcher, il faut s'opposer à ce qui se passe, si vous voulez qu'il ne s'empare pas de toutes vos dépouilles : sur-tout point de délais, point de vœux inutiles ; ne comptez que sur vous, à moins que vous n'ayez la stupidité de croire qu'il se mettra en danger de gaîté de cœur, en abdiquant, par ennui ou par honte de la tyrannie, ce qu'il possède à force de crimes.

Mais il s'est avancé au point qu'il ne regardera plus à la gloire, mais à sa propre sécurité, et qu'il n'estime honorable que ce qui lui sert à conserver sa puissance.

Cette tranquillité et ce loisir, embellis par la liberté, que plusieurs gens de bien préféraient à une occupation honorable, ont donc cessé d'exister ?

Français ! c'est en ce moment qu'il faut se résoudre à servir ou à commander, à recevoir la terreur ou à l'inspirer.

Ne sommes-nous pas réduits à l'extrémité? quelles institutions humaines peuvent arrêter le tyran? et les institutions divines ne sont-elles pas toutes corrompues? Le peuple français, qui était naguère l'arbitre des nations, aujourd'hui dépouillé de sa souveraineté, de sa gloire, de ses droits, incapable de remuer, objet du mépris universel, ne jouit pas même de la condition des esclaves, et n'a pas, comme eux, ses alimens assurés.

Un seul homme a anéanti, par un simple arrêté, cette belle fédération de gardes nationales, qui avait rendu de si nombreux et de si grands services à la patrie, et qui était toute formée de citoyens français.

Les lois, la justice, les finances, l'administration, les souverains de l'Europe, enfin la liberté et la vie des citoyens, tout est au pouvoir d'un seul homme. Vous voyez à chaque moment des arrestations arbitraires, des juges punis pour avoir acquitté des citoyens, des individus mis à mort après avoir été déjà acquittés par un jugement légal, et des condamnations à mort arrachées aux juges par la menace.

Reste-t-il à des hommes, qui veulent être dignes de ce nom, autre chose à faire, qu'à venger leur injure ou à périr avec gloire? La nature a marqué le terme de notre vie à tous, même aux plus puissans. Nul ne doit attendre la dernière extrémité, sans avoir tenté quelque chose pour la liberté, s'il ne veut passer pour une femmelette timide et pusillanime.

Mais je suis un factieux, dit Buonaparte ; je regrette les richesses que j'amassais dans les temps de troubles ; on dit que je désire la guerre, parce que je réclame les droits dont nous devons jouir en temps de paix.

C'est-à-dire que vous ne pouvez vivre, ni être en sûreté sous son gouvernement, qu'en applaudissant aux prodigalités de Lucien et aux sophismes du scribe *** : en approuvant la proscription des innocens, les emprisonnemens et les déportations des

meilleurs citoyens , et la répartitions des biens nationaux aux cohortes d'honneur, comme si c'était
un butin conquis sur les Allemands.

Nous avons bien assez de ce que nous avons souffert dans nos fureurs, lorsque les Français se bat-
taient entr'eux à Lyon, dans la Vendée et dans la
Bretagne , et que l'on tirait nos légions des frontières
pour les faire marcher contre nous. Qu'il soit mis un
terme aux crimes et aux injures.

Ces malheurs font si peu d'impression sur Buonaparte, qu'il se fait encore des titres de gloire des
massacres de Toulon, et de la journée du 13 vendé-
miaire, et que, s'il était contrarié, il ferait encore
pis, s'il le pouvait.

Je ne suis pas inquiet de l'opinion que vous avez
de lui. Je sais qu'il est généralement détesté. Mais je
crains votre plus ou moins d'énergie. Je redoute que
n'étant point d'accord sur le chef que vous voudrez
après lui, vous ne vous laissiez surprendre, non par
ses promesses et ses dons qui ne sont rien , et que
vous méprisez, mais par votre apathie; et qu'alors
cet homme, qui se repose toujours sur sa fortune,
ne paraisse réussir sans cesse dans tout ce qu'il en-
treprend.

Car, à l'exception de quelques satellites affidés,
qui est-ce qui veut la même chose? quel est au contraire l'homme qui ne désire un changement total,
excepté dans l'étendue de nos frontières, fruit de
nos victoires?

C'est pourquoi j'ai la plus grande confiance dans nos armées toujours victorieuses, qui, après tant de fatigues, et pour prix de tant de blessures, ont fini par ne rien trouver qu'un tyran.

Il est vrai qu'on les a fait marcher à Saint-Cloud pour enlever, de vive force, le système de représentation nationale établi par la Convention. Elles croyaient alors tout attirer à elles, et recevoir enfin le milliard qui leur a si souvent été promis : mais aujourd'hui qu'elles sont réléguées dans de tristes et insipides garnisons, au fond des bois et des marais ; aujourd'hui qu'on les envoie périr comme des mouches à Cayenne, à la Guadeloupe et à Saint-Domingue, et qu'elles ne voient qu'un petit nombre de favoris accaparer toutes les récompenses, elles brûlent de jalousie et du désir de venger leur injure.

Et pourquoi marche-t-il en public avec autant de gardes à sa suite, et avec tant d'orgueil? C'est que souvent la fortune seconde admirablement les grands criminels : mais que son bonheur chancèle un instant, autant il était redouté la veille, autant il sera méprisé le lendemain, à moins qu'on ne soit la dupe des noms de concorde et de paix qu'il a donnés à son crime et au parricide qu'il a commis sur sa patrie.

Si vous voulez jouir de la paix et de la concorde, approuvez toutes les révolutions et tous les meurtres qui ont eu lieu dans la République : sanctionnez les lois qui vous ont été imposées ; recevez la tranquillité avec l'esclavage, et faites voir, par votre exemple, à la postérité, qu'on peut se rendre maître du peuple romain, en lui faisant répandre son propre sang.

Pour moi, si j'ai jamais cherché à être quelque chose, c'est pour défendre la liberté et la dignité du peuple, et les droits sacrés que nous ont laissés nos pères ; je n'ai jamais cherché à faire une fortune honteuse, et j'ai préféré les orages d'une liberté difficile à obtenir, à la tranquillité mortelle de l'esclavage.

Si vous êtes de mon avis, Français, présentez-vous, et, après avoir invoqué l'assistance des Dieux, nommez Camille votre consul et votre chef dans l'entreprise hardie du recouvrement de votre liberté.

LE 18 BRUMAIRE AN VIII,

ODE

ATTRIBUÉE A CHÉNIER.

Quelles tempêtes effroyables
Grondent sur les flots déchaînés ?
Dieux! quels torrens épouvantables
Roulent ces rocs déracinés ?
Les fleuves n'ont plus de rivages ;
Couvert d'écume et de naufrages,
L'océan mugit dans les airs ;
Sur ses fondemens ébranlée,
La terre va-t elle, écroulée,
Se détacher de l'univers ?

Ah! plutôt, pour se faire absoudre
D'une trop longue impunité,
Les cieux peut-être avec la foudre,
Vont protéger la Liberté.
Dieux du peuple que l'on opprime,
Vengez cette auguste victime
De l'audacieux attentat,
Qu'aux jours malheureux de Brumaire,
Les lois ont, dans leur sanctuaire,
Vu consommer par un soldat.

Trop vain espoir de la vengeance !
Peuples, livrés aux oppresseurs,
N'auriez-vous, dans votre souffrance,
Que vos bras pour libérateurs ?

Le ciel est aveugle ou barbare,
Et lorsque sa foudre s'égare,
Portée au hasard sur les vents,
Qu'elle dévaste les campagnes,
Ou frappe d'arides montagnes,
Elle respecte les tyrans.

Jouets des flots et des orages,
Voyez ces utiles vaisseaux
De leurs débris couvrir vos plages,
Ou s'abîmer au fond des eaux :
Tandis que la nef criminelle
Qui porte ce Corse rebelle,
Déserteur des champs Africains,
Tranquillement vogue sur l'onde,
Et de César annonce au monde,
Et la fortune et les desseins.

De la France, ô honte éternelle !
César, au bord du Rubicon,
A contre lui, dans sa querelle,
Le Sénat, Pompée et Caton ;
Et, dans les plaines de Pharsale,
Si la fortune est inégale,
S'il te faut céder aux destins ;
Rome, dans ce revers funeste,
Pour te venger, au moins il reste
Un poignard aux derniers Romains.

Mais sous quelles viles entraves
A succombé notre vertu !
Quoi ! l'univers nous voit esclaves
Sans que nous ayons combattu !
Au sein d'un sénat parricide,
La noire trahison préside,
Fière encore de nos revers ;
Le pouvoir sans appui, sans force,
Tombe à sa voix, et c'est d'un Corse
Que le Français reçoit des fers !

Muse inflexible de l'histoire,
Toi qui, seule, fais les héros :
Toi qui des palmes de la gloire
N'ornes pas de lâches complots ;
Des artisans de tant de crimes,
Ah ! si les noms souillent mes rimes,
Et s'ils échappent à ma main,
Conserve-les, ces noms parjures,
Muse, et que les races futures
Les retrouvent sous ton burin.

Revêts la plus sombre nuance :
Choisis tes plus sombres couleurs,
Saisis ce traître que la France
Compta parmi ses défenseurs.
De Sinon la fameuse trame
Abattit les murs de Pergame,
Mais Grec, il trompa les Troyens.
Combien plus infâme est ce prêtre,
Ce Français que Fréjus vit naître !
Il trompa ses concitoyens.

Et c'est l'or, promis au courage,
Qui devient le prix du forfait !
Guerriers, ressentez-vous l'outrage
Qui, pour un traître, vous est fait ?
Guerriers, que le traître subisse
De Tarpéïa l'affreux supplice !
Pour ces biens qu'il vous a ravis,
Pour ces biens, sa honteuse idole,
Il a livré le Capitole :
Ecrasez-le sous ses débris !

Du Nantais au double visage,
Muse, peins la difformité,
Traînant ce spectre, d'âge en âge,
Etonne la postérité :
Fais gémir la Nièvre éplorée ;
Fais parler la Saône encombrée

8

Du sang versé par ses fureurs ;
Montre-le sans foi , sans patrie ,
L'âme par l'opprobre flétrie ,
Prêt à servir d'autres ligueurs.

A la vertu dans l'indigence
Offre un tableau consolateur ;
Dis les causes de l'opulence
Du suppôt de l'usurpateur.
Ouvre à ses yeux cet édifice
Sorti de la fange du vice ,
Et que le crime a cimenté ;
Quand tour-à-tour, avec scandale ,
Aux joueurs il vend la morale ,
Aux coupables , l'impunité.

Transfuge de Rome moderne ,
Celui que la Meurthe enfanta ,
Nous instruit dans l'art qui gouverne ;
A l'école de Loyola.
Muse , décris sa . . . . . . (1).
Dis comment sa louche doctrine
Au pouvoir ouvre un large champ ;
Et pourquoi des rois l'adversaire ,
Et du peuple le mandataire ,
D'un despote il est l'instrument.

Quand , dans un même deuil plongées ,
Sous les traits de la vérité ,
Un jour tu verras outragées
Et les mœurs et la liberté ;
Dessine auprès de l'insulaire
Le double avorton consulaire :
L'un de Maupeou le nourisson ,
Fidèle aux maximes du trône ;
L'autre qu'eût convié Pétrone
Au festin de Trimalcion.

(1) Nous n'avons pas pu lire ce mot. (*Note de M. Peltier.*)

Mais de l'honneur de la patrie,
Quand des traîtres brisent les nœuds,
Ceux formés par la perfidie
Seront-ils plus sacrés pour eux?
Sous quelle inviolable égide
Ont-ils mis leur pacte homicide?
Par quel frein, de l'ambition
Ont-ils su maîtriser la rage?
Et qui garantit le partage
Qu'ils ont fait avec le lion?

Lâches, dont le bras sacrilége
Au despotisme s'est vendu!
Vous voilà tombés dans le piége
Que pour nous vous aviez tendu!
Vous aviez, dans votre démence,
Du glaive invoqué l'assistance;
Et le glaive exterminateur,
Le glaive, appui de l'injustice,
Des tyrans éternel complice,
Est votre seul législateur.

Quel est ce respect dérisoire,
Peuple, qu'on affecte pour toi?
Tel que le Messie au prétoire,
On t'outrage en te nommant Roi.
Devant toi quand ils s'agenouillent,
Ces hypocrites te dépouillent
De tes comices souverains.
Ils ne te laissent qu'un fantôme:
Ne cherche plus les droits de l'homme,
Déchirés par tes assassins.

Rome, dans cette ombre traîtresse,
Ce simulacre du Sénat,
On veut que mon œil reconnaisse
Les conservateurs de l'état;
Mais toi, qui vis à ta naissance
Ton sénat briser la puissance

De son orgueilleux fondateur;
Dans le nôtre, troupeau docile,
Que vois-tu ? l'instrument servile
Du pouvoir de l'usurpateur.

Des magistrats de Rome antique,
En vain vous usurpez les noms :
Les noms font-ils la République ?
Tombez, vaines illusions !
De tes tribuns, de leur courage,
Rome, retrouves-tu l'image
Dans ce débile Tribunat?
Et dans ce Consul qui nous brave,
Ne vois-tu pas le fier Octave,
Plutôt que ton Publicola?

En quoi donc le surnom d'Auguste
Par Octave est-il mérité?
Il n'est d'empire heureux et juste
Que celui de la Liberté.
Artificieux politique,
Il enchaîne la République
En proscrivant ses défenseurs;
Et quand le pouvoir arbitraire
Dans Rome n'a plus d'adversaire,
Il met un terme à ses fureurs.

Voit-on d'une source fétide
Jaillir de salutaires eaux?
Caché sous un crystal limpide,
Le poison coule dans ses flots;
La mort habite ses rivages;
Il n'y croît que des fruits sauvages.
L'usurpateur, quelques instans,
Peut abuser par des prestiges;
Le tems détruit ces vains prodiges :
Rien n'est vertu dans les tyrans.

L'usurpateur court à la gloire,
En haine de l'égalité.
Il ne cherche dans la victoire
Que la suprême autorité.
S'il montre un courage intrépide,
C'est celui d'un brigand avide
De la dépouille des humains :
Sa clémence n'est qu'une injure ;
Sa sagesse qu'une imposture ;
Ses dons ne sont que des larcins.

Octave commande à l'empire ;
Sous ses lois il tient le Sénat ;
Octave permet qu'on respire,
Quand il est maître de l'état.
De Janus il ferme le temple ;
Et Rome qui dans lui contemple
L'unique arbitre de son sort ;
Rome esclave, l'aveugle Rome,
Dresse une statue au grand homme,
Et dans ses fers elle s'endort.

Elle s'endort ! fatale ivresse !
Elle n'aura plus de réveil . . . .
Des arts l'illusion caresse
Encor quelque tems son sommeil.
Des Nérons le règne s'avance ;
Celui de Tibère commence,
Et les neveux des Scipions,
D'abord mutilés par des maîtres,
Bientôt abrutis par des prêtres,
Sont le rebut des nations.

Loin des sentiers de la justice
Quand un peuple s'est écarté,
De précipice en précipice
Il court en aveugle emporté.
O Rome ! A tes mains souveraines
César eût-il donné des chaînes,

Si de tes lois qu'il viola
Il n'eût vu les saintes barrières
Tomber sous les mains meurtrières
De Marius et de Sylla?

Tels sont, délirante anarchie,
Les fruits de ton souffle empesté :
Toujours marche la tyrannie
Près de ton char ensanglanté.
Monstre vomi par le Ténare,
Du peuple adulateur barbare,
Tu l'enchaîne avec ses droits ;
Tes pas font frémir l'innocence,
Et ta dévorante puissance
Fait regretter celle des Rois.

Naguères tes torches funèbres,
Par leur infidèle clarté,
Dans le crime et dans les ténèbres
Ont égaré la liberté.
Aux cent bras, nouveau Briarée,
Hydre, de meurtres altérée,
Monstre ! enfin tu meurs à ton tour.
Mais sur ton horrible passage
Tu nous as laissé l'esclavage,
En rentrant dans le noir séjour.

Et ce serait la destinée
D'une nation de héros !
Elle ramperait prosternée
Devant d'injurieux faisceaux !
Peuple ! au milieu de tes trophées,
Tes vertus seraient étouffées,
Et de leurs fronts triomphateurs
Détachant le laurier des braves,
Tu verrais tes enfans esclaves
Le marche pié des oppresseurs !

Tu verrais le luxe coupable
Insulter à la probité !

Et la puissance inviolable
Erigée en divinité !
Tu la verrais punir, absoudre,
Verser ses dons, lancer sa foudre,
En se jouant du frein des lois ;
Et, pour couvrir ses injustices,
Et ses erreurs, et ses caprices,
Imposer silence à ses droits !

. . . .
. . . .

Quand tu ne peux payer la dette
Contractée envers tes enfans,
Et quand tu dois de la conquête
Encor le prix aux conquérans ;
Lorsqu'un gouvernement cupide
Et la malveillance perfide
Ont tari les dons de Cérès,
Tu verrais l'orgueil consulaire
De ton orgueil le salaire
De ses innombrables valets !

. . . .
. . . .

Du pouvoir censeur nécessaire,
L'Anglais n'en peut craindre les coups ;
Des lois jamais sur l'arbitraire
Il n'invoque en vain le courroux.
Fière de sa charte sacrée,
De gloire et de biens entourée,
Albion règne sur les mers ;
Elle chérit sa destinée,
  t la Tamise fortunée
Fixe les yeux de l'univers.

Cependant encore affligée
Par l'odieuse hérédité,
Londres, de titres surchargée,
Londres n'a pas l'égalité ;
Mais son rempart impénétrable
Est dans le pouvoir responsable
De la volonté de ses Rois :
Tandis que la main despotique
Qui conduit notre république
Est plus puissante que les lois.

Tant que dans ses digues profondes,
Circulant avec majesté,
Un fleuve maîtrise ses ondes,
Il répand la fécondité.
Mais s'il renverse sa barrière,
Et si sa fougue aventurière
Sur nos champs porte la terreur ;
Jadis, père de l'abondance ;
Dans sa funeste indépendance,
Il n'est plus qu'un dévastateur.

De l'autorité despotique
Ainsi découlent tous les maux,
Quand d'une langueur léthargique
Elle a su verser les pavots.
Tandis que le peuple sommeille,
Autour de sa proie, elle veille,
Mais sans apercevoir l'écueil.
Semblable au tems qui se dévore,
Les fléaux qu'elle a fait éclore
Ont creusé son propre cercueil.

Contre le joug de la licence
Et de l'injuste autorité,
Peuple, qui prendra ta défense ?

La loi qui fût ta volonté....
Que, suprême dominatrice,

. . . . (1)

La loi règle donc tes destins.
O peuple ! si Gracchus t'entraîne,
Ou si l'éclat d'un nom t'enchaîne,
Crains un maître ou des assassins.

---

(1) Le vers qui devrait être ici manque sur la copie que nous avons reçue.

(*Note de l'Auteur.*)

FIN.

VOEU,

D'UN BON PATRIOTE HOLLANDAIS,

AU 14 JUILLET 1812.

Quelle fortune a fait le fils de Létitie ! (1)
Corse, il devient Français; sa nouvelle patrie
L'adopte, le nourrit au rang de ses enfans,
Et déjà lui promet les destins les plus grands !
Un orage survient; sous l'effort des tempêtes
L'état est renversé ; les plus augustes têtes
Tombent, tout est brisé : le Français malheureux
Regrette, en soupirant, son erreur et ses vœux !
Napoléon paraît ! de victoire en victoire
Il atteint *en volant* au faîte de la gloire !
l'Orient, l'Occident, témoins de ses exploits,
Par lui sont terrassés et reçoivent ses lois !
Le Nil avait frémi : mais le sort qui l'entraîne
Rappelle son vainqueur aux rives de la Seine.
Cinq chefs, ou cinq tyrans partageaient le pouvoir,
Il arrache à leurs mains le sceptre et l'encensoir (2).
Le voilà donc assis où s'élevait le trône !
Que faut-il à ses vœux ? un sceptre ? une couronne ?
Consul, il règle tout, il fait, défait des rois ;
Peu soigneux d'être aimé, la terreur fait ses droits !

---

(1) Signora *Létitia*, nom qu'avait à Bastia la mère du héros, et ce nom était le présage de toutes les joies qu'il devait lui procurer un jour. (*Note de l'Auteur.*)

(2) La religion Théo-Philantropique. (*Ibid.*)

Sur un peuple avili, jusqu'au rang des esclaves,
Il règne, il est despote, on baise ses entraves,
Qu'a-t-il à redouter ? Il a dicté la paix,
Des rois sont à pieds, mendiant ses bienfaits !
D'assurer en ses mains l'autorité suprême
On lui porte les vœux ! Les Français, des rois même
A le féliciter s'empressent humblement,
Et voudraient en sujets lui prêter le serment !...
Il est proclamé chef et consul pour la vie !...

Pour moi, loin qu'à son sort je porte quelque envie,
Qu'il nomme, j'y consens, son digne *successeur*,
Sur le pavois porté, qu'on l'élise *empereur !*
Enfin (et Romulus nous rappelle la chose),
Je fais vœu... dès demain qu'il ait l'apothéose !

AMEN.

FIN.

ERRATA.

Au lieu de Pelletier, *lisez* Peltier dans tout le cours de l'ouvrage.

www.ingramcontent.com/pod-product-compliance
Lightning Source LLC
Chambersburg PA
CBHW062043200326
41519CB00017B/5118